La bruja que perdió la magia

SONIA RICO

La bruja que perdió la magia

KEPLER

Argentina – Chile – Colombia – España
Estados Unidos – México – Perú – Uruguay

1.ª edición Marzo 2024

Copyright © 2024 by Sonia Rico
All Rights Reserved
© 2024 *by* Urano World Spain, S.A.U.
Plaza de los Reyes Magos, 8, piso 1.º C y D – 28007 Madrid
www.edicioneskepler.com

ISBN: 978-84-16344-90-1
E-ISBN: 978-84-19936-60-8
Depósito legal: M-423-2024

Impreso por: Rodesa, S.A. – Polígono Industrial San Miguel
Parcelas E7-E8 – 31132 Villatuerta (Navarra)

Impreso en España – *Printed in Spain*

Para Leo, mi gran mago:
que siempre descubras la magia que hay en ti.

«Y, sobre todo, observa con ojos brillantes todo el mundo que te rodea, porque los mayores secretos siempre están escondidos en los lugares más inverosímiles. Aquellos que no creen en la magia, nunca la encontrarán».

Roald Dahl

ÍNDICE

1

EL ENIGMA
DE LA ESCOBA

En una ciudad lejana vivía una bruja muy popular e influyente llamada Sol. Era una joven de facciones dulces y armoniosas, con unos ojos azules como una mañana de primavera. Tenía una cabellera larga y ondulada del color de las calabazas y una sonrisa tan dulce que se podía dormir en ella.

Sol había acabado sus estudios superiores en brujería, pero su verdadera pasión era la música. Cantaba a todas horas, mientras también hacía todo lo que suelen hacer las brujas: utilizaba plantas, piedras y las energías del Universo.

Desde joven había aprendido a usar su escoba mágica de última generación. Porque, déjame decirte, las escobas de madera y paja hacía mucho tiempo que habían quedado atrás. Sol disponía del último modelo que se prestaba a mucho más que volar. La Druidah Pro era su gran tesoro, una escoba única en el reino.

Una tarde de abril, un mensajero llamó a la puerta de Sol. Absorta en los acordes de su nueva canción, ella abrió la puerta con tanto entusiasmo que casi se rompió el dedo izquierdo del pie.

—¡Ouch! —se lamentó frotándose—. ¡Siempre me pasa lo mismo! Empiezo la tarde con mal pie...

Ante la atónita mirada del mensajero, que le entregaba un sobre dorado, Sol se recompuso.

—Traigo una invitación para el Congreso Mundial de Brujos y Brujas —dijo el mensajero antes de desvanecerse en un remolino de polvo dorado.

Sol, emocionada, abrió la carta de inmediato.

Estimada y honorable bruja Sol:
Nos complace comunicarte que, como
finalista más votada del concurso Voces por
la Magia, has sido seleccionada para actuar
como la estrella central del Congreso

Mundial de Brujos y Brujas, que tendrá lugar mañana, con la salida de la luna llena.

Este acontecimiento, de prestigio insuperable, era el sueño hecho realidad de Sol. Aunque su éxito en las redes mágicas la había abrumado tras su paso por el concurso, sabía que esta invitación impulsaría su carrera. Sin embargo, a pesar de la excitación, un miedo aterrador se estaba apoderando de ella. Entonces, como de costumbre, apareció esa voz.

«Desafinarás... Se te olvidará la letra. ¡Harás el ridículo! ¿Quién eres tú para cantar tus canciones? Cualquiera podría hacerlo mejor. Seguro que te han elegido porque no han encontrado a nadie más. No estarás a la altura. ¡No podrás hacerlo! Se reirán de ti...»

Para tapar esa voz incansable, se abrazó a su escoba Druidah. Sintiendo una mezcla de fraude y alivio, pulsó el programa «Pensamientos limpios de pesimismo».

—¿Qué haría yo sin ti? —dijo, agradecida a su reluciente escoba, que, con su magia *hightech*, barrió cualquier atisbo negativo de su mente.

Tras anunciar su próxima actuación en las redes, Sol se durmió enseguida, agotada por las emociones.

Al día siguiente, cientos de operarios ultimaban los preparativos para el esperado congreso. Era un acontecimiento único en el que se decidían las cuestiones más importantes relacionadas con la magia. En cuanto el sol se escondiera tras las montañas, todo estaría listo para recibir a los brujos y brujas más reputados de esos lares.

—¡¿Por qué no está puesto todavía el *photocall*?! —gritaba la encargada de la producción del evento—. ¡Que alguien quite esas telas de encima del roble! —seguía reprendiendo a gritos.

Mientras tanto, Sol, que se había despertado muy enérgica esa mañana, hizo sus estiramientos habituales, corrió detrás de Druidah e hizo unas pruebas de vestuario.

—Druidah mía, necesito el programa «Estilismo».

Por arte de la escoba *hightech*, Sol apareció radiante, con diferentes vestidos, peinados y maquillajes.

—Creo que voto por el amarillo, pelo al viento y el maquillaje con aires de bosque —opinó la bruja.

Sol se miró al espejo. Parecía una verdadera estrella, se dijo a sí misma. Se tomó una foto y después de eso la publicó:

Lista para hoy. Nos vemos a la salida de la luna.
#osquiero.

Sol inmediatamente emprendió el vuelo y se dirigió hacia el congreso.

Un millón de luciérnagas iluminaban el recinto, dotándolo de una luz especial, mientras el canto de los grillos flotaba por el bosque.

A su llegada, una expectante multitud se congregaba, ansiosa por presenciar el desfile de las celebridades mágicas sobre la alfombra roja. El bullicio de los murmullos y los susurros de admiración creaban una atmósfera de emoción. Los asistentes aguardaban con gran entusiasmo el momento en que las figuras más destacadas del mundo mágico hicieran su entrada triunfal.

Cada destello de luz de las cámaras contribuía a crear un ambiente resplandeciente, transformando el lugar en un escenario digno de los eventos más prestigiosos de la magia.

A su entrada, Sol se dio cuenta de que era el centro de todas las miradas, incluidas las que desearían verla lejos de allí.

—Fíjate en su vestido, ¡es horrible! Y con ese color de pelo parece una zanahoria... —murmuraba la bruja Hater entre su corrillo.

—Tú cantas muchísimo mejor, querida Hater —le decía su amiga Ball—. No entiendo cómo no te han invitado a cantar a ti en este evento.

—Lo sé, querida. Algo habrá hecho con las votaciones, porque está claro que mi talento y mi belleza son inigualables —dijo Hater con soberbia.

—¿Os habéis fijado en su escoba? —preguntó el brujo Gossip—. Es una *hightech* último modelo. Dicen que es una escoba única creada por la Gran Bruja Hécate. La ganó en algún *concursillo* y es capaz de hacer realidad cualquier hechizo.

—Tampoco será para tanto... —dijo Hater con mucha envidia—. Aunque la mona se vista de seda, mona se queda.

Sol estaba tan nerviosa que decidió usar de nuevo a su escoba Druidah. Así que pulsó el programa «Confianza» y sintió enseguida una gran serenidad, como cuando amanece después de una tormenta.

Enseguida la vinieron a buscar de Producción para acompañarla a su camerino. La actuación estaba a punto de empezar.

—¡Preparados! ¡Rápido, llevad a Sol al escenario! —se oía desde los pasillos.

—¡Mucha suerte, Sol! ¡Lo vas a hacer fenomenal! —le decían algunos a su paso.

Y, siguiendo a los de Producción, con su inseparable escoba en la mano, se dirigió al escenario con una gran sonrisa. Por fin había conseguido cumplir su sueño: actuar en el congreso mundial.

Miles de luciérnagas que cubrían el recinto se posaron en su halo mientras acariciaba los primeros acordes de un piano.

Su voz, una combinación de suavidad y fuerza, era capaz de robarle el alma a cualquiera con tan solo una nota flotando en el aire.

El público aplaudía de la emoción. Sin embargo, Hater hacía lo posible por taparse los oídos y desviar la atención del público embelesado con su actuación.

Pero no hizo falta, porque el destino dio un giro inesperado.

Un gran relámpago iluminó el cielo, dejando a oscuras el gran evento. Las luciérnagas huyeron y todo quedó en penumbra.

A ciegas, Sol buscó su escoba. Mientras tanteaba, como quien busca dónde agarrarse en un naufragio, se dio cuenta de que Druidah había desaparecido y con ella... su magia. Fue entonces cuando su voz empezó a sonar como la de un viejo violín oxidado. Cada nota que emitía estaba tan fuera de lugar como lo estaba ella de sí misma.

—¡Fuera, fuera! —gritaba el despiadado público.

Sol, avergonzada, salió corriendo del escenario. Era consciente de que acababa de perder la oportunidad de tener la fama con la que siempre había soñado.

Estaba convencida de que le habían robado la escoba y estaba dispuesta a recorrer medio mundo para encontrarla.

Preguntó a cada una de las personas presentes a la salida del congreso; pero, a su pesar, no había ni rastro de ella.

Trató de recordar algún conjuro heredado de sus ancestros, pero no le venía ninguno a la cabeza. ¿En qué momento se le había atrofiado la memoria? Desafortunadamente, se dio cuenta de que, desde que tenía la escoba, casi no usaba su propia magia, aquella con la que había nacido toda la estirpe de mujeres de su familia.

Pero de nada servía pensar en eso ahora, tenía que encontrar a Druidah a toda costa. «¿Habrá sido cosa de Hater?», se repetía a sí misma como un mantra. De ser así, enseguida lo averiguaría.

Desesperada, decidió denunciar la desaparición en la Comisaría de Asuntos Mágicos.

—Escoba hightech, modelo Druidah Pro, última tecnología. Color madera abedul. Permanece desconectada en estos instantes —anotaba el policía.

Mientras tanto, Sol intentaba distraerse navegando por las redes mágicas. Aunque, desafortunadamente, no encontró nada agradable en ellas. Se dio cuenta de que, en pocas horas, había perdido casi dos centenares de seguidores. No daba crédito al ver cómo muchos otros aprovechaban para verter la ira y la rabia que, seguramente, tenían acumulada por causas ajenas a ella.

¡Vergonzosa actuación la de esta noche!

¡Qué decepción!

¡Dedícate a otra cosa, bruja!

Me arrepiento de haberte votado.

Hater merecía actuar en el congreso.

Eres una farsante.

«¿De dónde sale tanto odio?», se preguntaba. Aunque también recibió muchos mensajes de apoyo, esos no calaban tanto como la injusticia de aquellas palabras envenenadas que llegaban a un alma herida.

Tenía la sensación de que se estaba hundiendo y no tenía a su escoba para remediarlo. Su vida no podía ir a peor. Realmente estaba tocando fondo. Sin su escoba, estaba convencida de que no sería nadie.

—Bruja Sol —el viejo guardia la sacó de su ensimismamiento—, tenemos noticias. Un testigo asegura haber visto cómo alguien con vestido y sombrero negros robaba la escoba durante tu actuación. Sin embargo, no hemos encontrado ni una sola huella. Hemos registrado todas las casas y no hay ni rastro de la escoba. Seguiremos buscando —concluyó el guardia.

Sol se sintió muy triste y desesperanzada. En ese congreso, había miles de personas del mundo de la magia vestidas según la descripción del policía. «Nunca darán con ella», se repetía.

Sol se fue caminando hacia su casa, ya que sin su escoba Druidah, ni siquiera podía volar.

Tenía decenas de llamadas de sus seres queridos, pero su alma le gritaba silencio. Su mundo se estaba derrumbando y ella sentía que se desintegraba con él.

Sol levantó la cabeza y un rayo de su estrella homónima, que brillaba con fuerza aquella mañana, acarició su rostro. Entonces, de pronto, cuando parecía que su vida se había fundido a negro, un atisbo de esperanza se dibujó en el horizonte. Iría en búsqueda de la creadora de su escoba: la Gran Bruja Hécate.

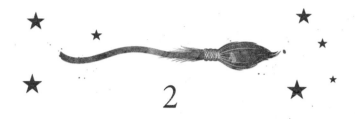

2

EN EL JARDÍN
DE HÉCATE

Sol emprendió el viaje, decidida a encontrar a la reina de las brujas. Solo ella podía decirle cómo recuperar su escoba y, por ende, su magia.

Caminó días y noches por el frondoso bosque. Tenía que atravesar las colinas del norte para llegar hasta el jardín de Hécate.

Una mezcla de temor y esperanza la acompañaba mientras avanzaba en la búsqueda de la gran hechicera. Se decían muchas cosas sobre la gran maga. Para unos era una malvada bruja; para otros, la guardiana de la luna y protectora de niños, mujeres y criaturas nocturnas. Sea como fuere, Sol estaba decidida a encontrarla, consciente de que ya había perdido lo más preciado: su voz, su magia y lo que resultaba aún más doloroso, su confianza.

Tras cuatro días y tres noches llegó al famoso jardín. Ese lugar era lo más parecido a un paraíso. Un poblado repleto de familias, con grandes cultivos de hortalizas y plantas aromáticas y medicinales. A su paso, se encontró con una campesina de mediana edad, rodeada de mujeres y niños. La mujer vestía una falda larga con tantos agujeros que parecía que la habían roído los ratones. Su pelo era como un nido de jilgueros deshecho, pero, a pesar de su aspecto, lucía una sonrisa amable.

—Disculpe, señora. Busco a la Gran Bruja Hécate. Me han dicho que puedo encontrarla por estos parajes —dijo Sol.

La campesina la miro con interés.

—¿Qué es lo que buscas exactamente, jovencita?

—Verá, es que ha desaparecido mi escoba mágica y necesito saber cómo recuperarla —explicó Sol.

La campesina, con mucha curiosidad, siguió indagando.

—¿Por qué querrías recuperarla?

—Porque, desde que desapareció, perdí mi magia —respondió Sol. La campesina le respondió con una media sonrisa:

—Nadie puede arrebatarte la magia si tú no das permiso para ello.

Sol pensó para sí misma que esa mujer se entrometía demasiado, pero continuó con amabilidad:

—¿Podría decirme dónde puedo encontrar a la Gran Bruja Hécate?

La mujer, sin mirarla, siguió quitando las malas hierbas de su bancal de plantas medicinales.

Ese lugar era muy extraño, pero Sol estaba tan cansada que no tenía fuerzas para seguir buscando. Se sentía agotada del mundo, pero sobre todo de su tortura interior.

—Muchacha, te diré dónde encontrar a esa bruja que dices, pero antes vas a tener que ayudarme —le dijo la mujer.

Sol no tenía nada que perder, así es que se acercó a ella, le sujetó el cesto que llevaba entre las manos y la siguió como un pollo desorientado.

La mujer continuó:

—Una bendición está en camino y me gustaría que me ayudaras a traerla a este mundo. Verás cómo existe la magia —dijo misteriosamente y, acto seguido, aceleró el paso hacia el interior de la casa. Sol, sin comprender nada, la siguió.

Cuando estuvieron dentro, se encontraron a una muchacha, a punto de dar a luz, retorcida de dolor. Mientras tanto, dos jóvenes matronas le aplicaban suaves ungüentos en la espalda para aliviar su sufrimiento.

Sol se sentía desconcertada en aquel lugar, sintiendo que debía pagar algún tipo de peaje para encontrar a la Gran Bruja Hécate y recuperar su preciada escoba.

Una de las jóvenes, reconociendo a Sol por su participación en el concurso Voces por la Magia, se dirigió a ella con una cálida sonrisa:

—Bruja Sol, tú que tienes una voz tan bonita, nos gustaría que nos regalaras tu música en este momento tan especial —dijo la joven, ante la mirada de la campesina.

—Lamento decepcionarte, pero mi voz se esfumó cuando alguien me arrebató mi escoba —contestó Sol con cierta incomodidad.

La campesina, mientras colgaba unas tijeras en las puertas y ventanas de la estancia, reflexionó:

—«Mal puede tener la voz quien tiene el corazón temblando», como decía el gran poeta —declaró la mujer campesina en tono sabio—. Tranquila, niña.

Estas precauciones son para proteger al recién nacido de espíritus malignos —prosiguió la mujer, ante la cara de estupefacción de Sol.

En ese instante, Sol recordó las historias que le contaba su abuela sobre brujas y otras supersticiones durante su niñez, y se sintió en un lugar familiar y mágico.

La mujer se ausentó por un momento y, mientras tanto, Sol reflexionó sobre las palabras que había pronunciado sobre la voz y el corazón. «Esta mujer está equivocada», pensó, pues su único problema era que su escoba había desaparecido.

Cuando la campesina regresó lo hizo completamente transformada. Ahora lucía un deslumbrante vestido de terciopelo púrpura y una túnica plateada que le confería un aire majestuoso. Un moño terso adornaba su cabello y, entre sus manos, sostenía una antorcha que arrojaba grandes destellos de luz. Plantada frente a la futura madre, un halo de estrellas apareció a su alrededor, creando un aura de misterio.

Sol, consternada, se dio cuenta de que estaba frente a la Gran Bruja Hécate, madre de todas las brujas. Con los brazos en alto y la mirada dirigida hacia el cielo, la gran Hécate entonó un antiguo conjuro ancestral:

Que el eterno sol nos ilumine
y guíe en este camino.
Que la oscuridad se desvanezca
y la luz se encienda.
Que los ciclos de la luna bendigan a esta
mujer, portadora de vida y sabiduría
universal.
Oh, Universo, bendice la llegada
de este pequeño ser.
Que su vida sea plena y armoniosa.
Que el pasado quede atrás en este viaje.
Que el alimento fluya de este cuerpo
y nutra esta nueva existencia.
Que todos los miedos sean cobijados
por el abrazo de este cuerpo.
Que esta comunidad que nos protege
y arropa sea bendecida.
Que así sea, que así es.

Las mujeres empezaron a notar que perdían la gravedad, como si sus cuerpos pudieran ocupar todo el espacio aéreo. En un coro unificado entonaron una hermosa canción de cuna y, de repente, Sol se sorprendió a sí misma cantando desde un lugar dentro de ella que desconocía. Se sintió viva, como si su cuerpo se hubiera fusionado con su corazón, como si en ese momento se hubiera convertido en música, ritmo y vibración.

Se encontraba tan absorta en ese instante, que llegó a pensar que habitaba otra Sol en su interior. Más allá de cualquier sentimiento negativo, una profunda sensación de amor la inundó, incluso por su propia voz. «¿Cómo no pude reconocer a la Gran Bruja Hécate?», se preguntaba. Tal vez es que había estado tan enfocada en su propia misión que no había visto nada más allá de sí misma. Sin embargo, se daba cuenta de que hacer cosas por los demás tenía la magia de aliviar su propio dolor.

Sol salió de sus pensamientos al oír el llanto del recién nacido. Hécate, de manera sigilosa, se acercó a la nueva madre, poniendo al pequeño en su seno. Así, en silencio, contemplaron la fusión sagrada entre madre e hijo.

—Querida Sol —susurró la gran Hécate mientras la empujaba hacia el exterior de la casa—, creo que tenemos una conversación pendiente.

—Gran Señora, Hécate, la mayor bruja de todos los tiempos. Le pido disculpas por no haberla reconocido —le dijo Sol—. La imaginaba totalmente diferente. Yo creía que usted sería...

Pero la Gran Bruja la interrumpió de inmediato.

—¡Yo creía y yo quería! Palabras que nos transportan al *maravilloso* mundo de las decepciones —dijo sarcásticamente la bruja—. ¡Cuántos problemas nos ahorraríamos si contempláramos la vida tal como es, en lugar de como nos gustaría que fuese!

Sol reflexionó sobre eso. En la escuela de magia había aprendido que la Gran Bruja Hécate era la madre de todas las brujas, descendiente del vientre de una diosa. Se decía que tenía un gran poder sobre la naturaleza y que, en su presencia, incluso los animales huían, la tierra resonaba y las plantas se abrían a su paso. Se contaba también que era capaz de bajar la luna e, incluso, que poseía el poder de transformarse en otros animales o seres cuando así lo decidía.

Sin embargo, Sol se daba cuenta de que Hécate era más que un simple mito. Era una mujer inteligente, sabia y compasiva, que dedicaba su vida a apoyar a otras mujeres, como una especie de maga de los hogares. Pero enseguida la Gran Bruja, como si leyera sus pensamientos, la interrumpió.

—Creer algo sin cuestionar esas creencias nos causa un daño profundo, querida —prosiguió Hécate—. A lo largo de la historia, a las mujeres empoderadas nos han retratado como amigas del demonio.

Sin embargo, las brujas hemos desempeñado el papel crucial de guardianas de la magia y del conocimiento. En nuestras manos ha reposado el legado de la conexión con la tierra, las estaciones y los ciclos de la vida. Hemos sido curanderas, consejeras y visionarias. Hubo un tiempo oscuro en el que nuestra magia fue malinterpretada y temida, pero hemos persistido porque el espíritu de las brujas nunca se extinguirá. Hoy somos mujeres sabias, intuitivas, autosuficientes y conocedoras de los secretos mejor guardados de la naturaleza —declaró Hécate mirando profundamente a Sol, antes de decir—: Bien, muchacha, explícame qué te trae por aquí. Algo relacionado con tu escoba, ¿no es así?

—Así es, mi gran señora —respondió Sol, consternada por su discurso—. Durante mi actuación en el Congreso Mundial de Brujos y Brujas robaron mi escoba *hightech*, la que usted configuró, y necesito su ayuda para recuperarla y, así, recobrar mi magia.

—Mmm. Entiendo —dijo la Gran Bruja Hécate con una leve sonrisa—. Debes saber que esa escoba se desactiva al cambiar de manos. Si quieres recuperar tu escoba, deberás fabricar una nueva —agregó— y, cuando la tengas, ya veremos cómo configuraremos tu magia —dijo con amabilidad.

—¿Cómo voy a fabricar una escoba de esas características? —preguntó Sol, desorientada.

—Es muy sencillo, querida. Para ello, tendrás que desconectar para volver a conectar. Regresar a tus raíces y obtener los materiales de siempre, aquellos que la tecnología ya no te permite apreciar —explicó Hécate.

—Pero ¿por dónde empiezo a buscar? —preguntó Sol, confundida.

—Tendrás que adentrarte en el Bosque Oscuro, más allá de las tinieblas. Recuerda que la luz siempre se encuentra al otro lado de la oscuridad —señaló la Gran Bruja.

—Pero, venerable Bruja Hécate, ¿no sería más fácil si usted me ayudara con su gran poder?

—Lo siento, Sol, pero este es el único camino que no tiene atajos. Tendrás que transitar cada paso que des —respondió la Gran Bruja.

Ante la atónita mirada de Sol, que no entendía qué tenía que buscar, ni qué tenía que encontrar, la Gran Guardiana del Hogar le entregó un mapa.

—¡Está en blanco! —exclamó Sol pensando que Hécate se había equivocado de pergamino.

—Todo está vacío a simple vista, querida. Es nuestra magia la que dota de significado a la vida. A medida que recuperes tu magia, aparecerá el camino.

Aunque no lo creas, eres tú misma la que ha estado renunciando a ella. Por eso, debes recuperarla a medida que construyes tu escoba —explicó la Gran Bruja y luego, tomando el teléfono móvil de las manos de Sol, se esfumó.

—Pero, al menos, ¡permítame conservar mi teléfono! —gritó Sol al vacío.

La joven quedó sumida en sus pensamientos, consciente de que debía de partir sin saber a dónde se dirigía y sin su móvil, del cual nunca se había separado. Su teléfono era como una extensión de sí misma. Entonces, la sensación de perderse, de no estar al tanto de las últimas noticias, la invadió de repente. De pronto, un miedo atroz se apoderó de ella, y esa voz, como de costumbre, apareció:

«Te perderás. No lograrás fabricar esa nueva escoba. No eres suficiente. No vas a recuperar tu magia. Despídete de cantar bien. Ya no eres nadie. No puedes presentarte al próximo concurso. Has perdido todo lo que tenías. Eres un fraude».

—¡Basta! —gritó Sol intentando ahogar esa voz que brotaba de su interior.

Afortunadamente, unos gritos la sacaron de sus tormentos. Una madre que parecía poseída por el mismísimo diablo perseguía a su hijo para darle una buena tunda de escobazos.

—¡Desgraciado! Ya verás cuando te atrape... Voy a dejarte las nalgas moradas... ¡No te mereces nada! —vociferaba la madre, completamente fuera de control.

La Gran Bruja Hécate apareció de repente y asió al niño con mucho amor. Luego llamó a la furiosa mujer.

—A ver, madre. No hay nada que pueda hacer un niño para merecer ese castigo —dijo Hécate.

—Gran señora, es que tengo que educarlo. Lo hago por su propio bien —respondió la madre, avergonzada.

—Ese *bien* del que hablas tiene otros caminos, mujer —explicó Hécate—. La vida nos ha enseñado que podemos abusar de las personas más débiles. Las mujeres son vulnerables ante los hombres, los niños y las niñas ante los adultos y aquellos que son *diferentes* frente a lo que se considera normal. Nuestra misión es cambiar eso. Si golpeamos, gritamos o no prestamos la suficiente atención a nuestros hijos, les infligimos heridas tan profundas que harán que toda la vida se sientan como los niños humillados, abandonados y asustados que están aprendiendo a ser hoy.

Un hijo es el regalo más preciado del Universo —prosiguió la Gran Bruja—. Si le das ese trato, él no dejará de quererte nunca, sin embargo, dejará de amarse a sí mismo y el modelo de amor que aprenda será, en realidad, dolor disfrazado.

La madre se desmoronó en un mar de lágrimas. Nunca antes se había detenido a pensar que un niño mereciera respeto o, peor aún, que ella hubiera necesitado ese respeto cuando era niña.

—Buena madre, estás en mi jardín para aprender, para que puedas ejercer tu papel de madre con libertad. Tu hijo necesita jugar, porque todos los cachorros del mundo necesitan del juego para madurar. Sin embargo, es comprensible que te sientas molesta cuando tu hijo interrumpe tu trabajo. ¿Crees que podrías explicárselo, con respeto, sin necesidad de desatar tu rabia y agresividad contra él? —preguntó Hécate.

—Sí, señora. Trataré de hacerlo —dijo la madre, cabizbaja.

Luego, avergonzada, tomó a su hijo entre sus brazos y le pidió perdón. En ese momento, lloró por todo el daño que le había causado en su corta vida y, también, por ese dolor que guardaba de su propia niñez.

Sol permaneció inmóvil en medio del prado, mientras los niños jugaban a su alrededor. ¿Acaso el vacío que ella sentía tendría que ver con su niñez? ¿Estaba tan carente de ese tipo de amor incondicional que, por más que lo intentara, no podía amarse a sí misma?

Entonces recordó que su infancia había sido como un campamento militar. Nunca había podido ser ella misma, porque la mayoría de las veces recibía desaprobación. Su banda sonora estaba llena de frases como: «No lo conseguirás»; «Mantén los pies en la tierra»; «Puedes hacerlo mejor»; «Eres un desastre»; «No te lo mereces», y ahora se daba cuenta de que esas palabras se habían convertido en una profecía. Verdaderamente creía que no era suficiente. Sentía que podía hacerlo mejor y que no merecía nada.

«¿Estaré haciendo todo lo posible por cumplir esos mandatos y me estoy fallando a mí misma?», se preguntó.

Perdida en sus pensamientos, no se dio cuenta de que el niño, a quien Hécate había salvado de una buena paliza, se paró enfrente de ella y le ofreció una flor con una sonrisa radiante.

—He oído que tienes que fabricar una escoba. Espero que esta flor te sirva para decorarla y siempre te recuerde que, un niño como yo, también vive en ti —dijo el pequeño.

Sol tomó la flor entre sus manos como si fuera el mejor de los regalos. Con lágrimas en los ojos recordó su infancia y experimentó una emoción que solo los niños pueden sentir cuando descubren un tesoro. Había encontrado el primer componente para su escoba. Hacía mucho tiempo que no experimentaba algo tan auténtico. Cuando una lágrima cayó en el pergamino en blanco, observó cómo se dibujaba el sendero que debía seguir. «Ha aparecido la magia», pensó y, exhausta, se sumió en un profundo sueño. Le esperaba un largo camino.

3

LA CUEVA
DE LAS SOMBRAS

Sol se aventuró antes del amanecer, guiada única-
mente por la tenue luz de la luna que se filtraba a
través de las hojas de los árboles. Avanzó por un sendero siguiendo las indicaciones del mapa, que dibujaba cada paso que daba.

La noche estaba cerrada y sintió un poco de miedo. Sin la linterna de su teléfono móvil y sin la dis-
tracción de las redes mágicas, los sonidos nocturnos
se imponían a su alrededor.

Pensó que la noche tenía su propia sinfonía: silen-
cios entrecortados por susurros de criaturas nocturnas
y un murmullo constante que resonaba en su mente.

De pronto, vislumbró en la penumbra un cartel desgastado y cubierto por enredaderas:

ADELANTE, VALIENTE VIAJERA,

¡BIENVENIDA AL BOSQUE OSCURO!,

DONDE LA MAGIA AGUARDA PARA DESPERTAR TU ALMA.

Sol se detuvo temerosa ante la inscripción. Se preguntaba qué querría decir exactamente lo de «Bosque Oscuro», ya que, a simple vista, parecía un bosque normal y corriente. No obstante, el tiempo apremiaba, y no le quedaba otra que confiar en su mentora Hécate.

De repente, unas risas y cánticos a lo lejos la sacaron de sus reflexiones. Avanzó unos metros más y descubrió a varias personas danzando en un ritual alrededor de una hoguera. Sol se escondió tras unos arbustos, mientras el corazón le latía con fuerza. La curiosidad y el miedo se entrelazaron mientras observaba la escena. Para su sorpresa, identificó a su gran rival, Hater, acompañada de su séquito.

Contempló cómo se untaban en el rostro una mezcla de hierbas y especias, impregnando el aire con un intenso aroma. A medida que se movían alrededor del fuego, sus rostros brillaban en la distancia, como si esa sustancia mágica las conectara con lo desconocido.

De repente, Hater se arrodilló en la tierra y, con las manos levantadas al cielo, pronunció unas palabras en tono solemne.

¡Energías de la naturaleza, reclamo
vuestra presencia!
Con esta mezcla busco la conexión
para encontrar inspiración en la dificultad.
Aúno cualquier poder mágico
para que nadie me pueda igualar
y derribar a Sol, mi gran rival.
Invoco a todos los elementos aquí presentes:
¡aire, agua, fuego y tierra!

El cielo se estremeció y empezó a rugir como una bestia enfurecida. El viento sacudía las copas de los árboles con tanta fuerza, que Sol creía que le iban a caer encima.

Hater parecía haber enloquecido. Los relámpagos dejaban ver su cara desencajada. Su risa era tan histriónica que se oía casi tanto como los truenos. Sol, harta de esa escena, buscó refugio en el saliente de un peñasco antes de que se desatara la lluvia.

—¿Cuándo dejarás de odiarme, Hater? Siempre interfiriendo en mi vida. Lo has arruinado todo. Lo mejor será que vuelva a casa —se lamentó, pensando que su enemiga era la artífice de la desaparición de su escoba Druidah.

Hecha un ovillo, al resguardo de la tormenta, se dio cuenta de que tenía un sapo posado en el pie derecho. Sol hizo un movimiento para apartarlo, pero el animal no tenía ninguna intención de moverse.

—¡Oye, oye! —exclamó el sapo.

Sorprendida, Sol buscó de dónde venía la voz.

—¡Aquí, en tu pie! ¡Te estoy hablando! —gritó el sapo.

—¿Desde cuándo los sapos hablan? —preguntó Sol perpleja.

—Si creyeras en la magia, sabrías que todo es posible. Pero no te hagas ilusiones, no soy ningún príncipe —dijo sarcásticamente el sapo—. No he venido a rescatarte, solo a echarte *un anca* —dijo el animal—. ¡Vamos, sígueme! Te llevaré hasta una cueva cercana, hasta que amaine la tormenta —continuó.

Con la que estaba cayendo, Sol no dudó en seguirlo. Así que fue detrás del sapo, que, de salto en salto, la iba guiando bajo la lluvia.

Llegaron a una gruta que estaba a pocos metros de allí. Sol estaba completamente empapada. Una vez más, se acordó de su escoba y de que todo era mucho más fácil cuando tenía magia.

—¿A qué viene esa cara tan triste, niña?

—Es que todo me sale mal. Me roban la escoba, mi magia, pierdo mi voz, hago el ridículo… Y, cuando estoy en el camino para recuperarlo todo, ¡me entorpece la persona que más me odia en el mundo! —gritó Sol enfadada—. ¡Además estoy empapada y hablando con un sapo! —siguió vociferando temblorosa por el frío.

—Los humanos sois muy raros —dijo el animal—. Vuestro problema es que necesitáis constantemente sentiros especiales y por encima de los demás. ¿Por qué no os aceptáis como sois? —continuó con perspicacia—. Nosotros, los sapos, somos sapos y nunca hemos querido ser otra cosa. Con las cabezas cortas y anchas, los cuerpos rechonchos y la piel seca y rugosa que nos caracteriza, nos consideramos seres realmente preciosos. Sin embargo, los humanos nos veis tan feos y desagradables que, incluso, habéis inventado en los cuentos que deberíamos ser algo mejor… Aunque estoy seguro de que, si me convirtiera en un apuesto príncipe humano, no estaría satisfecho. Siempre desearía ser aún más guapo, más rico que todos los demás y más inteligente que los príncipes de otros reinos..., y así, hasta el infinito —concluyó el animal con una pizca de ironía y furia en su voz.

La bruja reflexionó profundamente sobre las palabras del sapo. Se hizo consciente de su eterna insatisfacción, de cómo tras alcanzar una meta, sentía que nada era suficiente y siempre anhelaba algo más. Entonces miró al sapo y le preguntó:

—¿Y cómo logras ser feliz con lo que eres? —inquirió la bruja, genuinamente intrigada.

El sapo respondió en tono sarcástico:

—¡Vaya! Buena pregunta... Los animales somos como somos y no nos cuestionamos ser de otra manera. Sin embargo, los humanos... ¡Uf! No cambiaría mi piel rugosa por la tuya. Lo tenéis complicadito complicadito... Tenéis que ser personas delgadísimas, con grandes músculos o muchas curvas, cara simétrica y sin arrugas, eternamente jóvenes, inteligentes (las que más), excelentes en vuestro trabajo, ricas, deportistas, padres o madres sublimes... ¡Ah! Y, sobre todo, con mucho éxito. ¿No te das cuenta de que imponéis demasiadas condiciones para estar bien con quienes sois? —concluyó con una sonrisa irónica.

—Quizás tengas razón —admitió la bruja, cabizbaja.

El sapo respondió con sabiduría:

—Si te desprecias a ti misma, nunca hallarás aprecio en otros seres, porque, desgraciadamente, incluso si lo encuentras, tampoco sabrás reconocerlo.

La bruja, con una mirada triste, preguntó:

—Pero ¿cómo puedo aprender a apreciarme si otros me desprecian?

El sapo replicó en tono serio:

—Muchacha, tu enemigo no está ahí fuera. Tu adversario reside en la cueva oscura de tu cabecita. ¡En tus pensamientos! —exclamó. Y, mientras el sapo se adentraba dando saltos hacia las profundidades de la cueva, iba expresando su descontento en voz baja—: Estos humanos se creen muy listos. Quieren vivir mil años y luego no saben disfrutar de apenas un segundo —refunfuñaba.

El animal le hizo una señal a Sol para que lo siguiera.

—¿A dónde vamos? —preguntó la bruja.

—¡A las profundidades de tu psique! —contestó el sapo con una carcajada—. Preguntas, preguntas y más preguntas... —protestaba—. ¡Sígueme, muchacha, o pillarás una pulmonía! —exclamó el animal.

Finalmente, llegaron al corazón de la cueva, donde un gran fuego ardía con fuerza. El techo estaba recubierto de estalactitas y las paredes repletas de antiguas pinturas rupestres, que contaban historias de tiempos lejanos. Parecía que ese lugar tenía alma, pues, a pesar de ser una cueva, se respiraba una sensación de hogar.

Sol miró a su alrededor con asombro, pues nunca había estado en un lugar semejante.

El sapo la condujo hasta una cavidad en la que brotaba un pequeño lago de aguas volcánicas.

—Anda, báñate con agua caliente y ponte estas ropas secas que te he traído. La tormenta va a durar un par de días, así que puedes quedarte aquí hasta que amaine y, a cambio, me ayudarás en unas tareas. —dijo mientras se retiraba.

Sol se sintió agradecida; después de todo, estaba sola y desorientada, y no le vendría mal un poco de compañía, aunque fuera la de un sapo malhumorado.

El animal se alejó dando saltos hacia el exterior. Sol se metió en el agua caliente y, por un momento, aquello le pareció un gran regalo. Tenía la sensación de estar metida en el gran vientre de la tierra. ¿Sería así la sensación de estar en el útero materno?, se preguntó. Sin embargo, su momento de paz duró poco. Mientras flotaba plácidamente en las aguas volcánicas, el sapo llegó y la interrumpió.

—¡Vamos, Sol! ¡Se acabó el recreo! Necesito que me ayudes.

Sol salió del agua de un salto, se puso las ropas secas y, resignada, se preparó para escuchar lo que el sapo tenía que decirle.

—Aquí tienes este saco y esta escoba. Necesito que recojas todas las ramas y pinaza que el viento ha traído hasta el interior de la cueva. Yo soy muy pequeño y tardaría mil años en hacerlo, por lo que me vendrá muy bien tu ayuda —le dijo el batracio.

Sol asintió sin rechistar, pues después de lo que el sapo había hecho por ella, no podía hacer menos que ayudarlo.

Siguió al animal hacia la entrada de la cueva, donde la luz del amanecer se filtraba por cada grieta de las paredes de piedra. Sol se asomó y respiró profundamente. Se sentía satisfecha al ver que el día, aunque lluvioso, estaba iluminando todo lo que antes permanecía oscuro.

El sapo, mirando a la bruja, soltó una gran carcajada y Sol lo miró atónita sin entender por qué le rompía ese momento.

—¿Y ahora? —preguntó Sol.

—Bueno, malo, bueno, malo... Así es como veis la vida los humanos. ¿No te das cuenta de que la luz no puede medirse sin la oscuridad? —replicó el sapo con sabiduría—. La noche y el día, lo bueno y lo malo, lo blanco y lo negro... ¡son dos caras de una misma moneda! Solo que tú observas algo y lo clasificas, pero... ¿no ves que, al enfocarte solo en una de sus partes, simplemente estás contemplando la vida parcialmente? —prosiguió.

Sol, un poco confundida, preguntó:

—¿Y qué tiene de malo preferir el día a la noche o querer que me ocurran cosas buenas?

—¡Pues que estás desperdiciando tu vida! Si no aceptas las cosas como son, vives siempre esperando algo concreto, y esperar no es más que habitar un tiempo y un lugar que no existen. Sin saberlo, estás negando una parte de la realidad y postergando tu felicidad para cuando se cumplan tus expectativas. Muchacha, ¿no sería más fácil aceptar la realidad tal cual es? ¿Apreciar la lluvia que nos nutre de vida y aprender a surfear en las sombras? —explicó pacientemente el sapo.

Sol, frustrada y con lágrimas en los ojos, preguntó:

—¿Y cómo hago para aceptar todo eso que no me gusta?

—Contempla tu historia, no huyas de ella. Afronta todo lo que sientes, por muy doloroso que sea, porque, aunque creas que corres lejos, en realidad, solo estarás cerrando los ojos. El dolor no desaparece si no lo miras de frente. Cuanto antes lo aceptes, antes aprenderás a vivir plenamente y recuperarás tu magia —dijo el sapo en un tono más comprensivo—. Incluso es posible que descubras magia que nunca antes has experimentado.

Sol agarró la escoba y empezó a barrer con determinación. Parecía como si a cada escobazo que daba, estuviera barriéndose a sí misma. Se imaginaba que cada montón de ramitas y pinaza eran sus malas experiencias y todos esos pensamientos acumulados.

La lluvia no cesaba y Sol, en cierta manera, se alegró por ello. Sabía que no tenía que preocuparse hasta que remitiera la tormenta y eso le daba mucha tranquilidad y sosiego. Se entregó por completo a la tarea de recoger la pinaza y se sintió aliviada por no exigirse grandes quimeras. «¡Quizás de eso se trata la existencia!», se dijo para sus adentros: enfocarse en la tarea presente, con tanta entrega, que todo lo demás desapareciese de su vida.

Sol barrió sin cesar durante todo el día, salvo por un breve descanso para disfrutar de un sabroso caldo preparado generosamente por el sapo.

En varias ocasiones, se sorprendió a sí misma tarareando melodías que parecía que emanaban de lo más profundo de su ser.

Se preguntó si sería posible que la voz no habitara en la garganta, sino en lo más hondo de su corazón.

Perdida en sus pensamientos, continuó con sus labores de limpieza hasta el anochecer. En ese momento pudo volver a sumergirse en las aguas termales y se tumbó en un camastro de paja que el sapo había preparado especialmente para ella.

Al amanecer del siguiente día, se levantaron con la primera luz que se colaba por la cueva.

Sol desayunó y luego retomó su tarea de barrer. Una vez que hubo amontonado toda la maleza, el sapo le entregó varios sacos para que la recogiera. Sin embargo, a pesar de los esfuerzos, Sol se dio cuenta de que, mientras metía la broza por un lado, se le escapaba por el otro.

—¡Los sacos están rotos! —exclamó Sol.

—¡No me digas, muchacha! —dijo el sapo con sarcasmo—. ¿De qué me suena eso? —preguntó.

Perpleja, Sol miró al animal sin entender su comentario sarcástico.

—Es exactamente lo que te sucede a ti. Por más que intentes llenarte, nada puede hacerlo. Tu saco interior está roto y, por eso, no hay amor, talento, dinero, ni éxito suficiente que consiga colmarte. Lo primero que debes hacer es remendar ese agujero.

Sol miró al sapo sin poder articular palabra y, con un largo suspiro, se dejó caer en el suelo. Con las piernas dobladas y temblorosas, se abrazó las rodillas y acurrucó la cabeza entre ellas.

—Qui-qui-quizás tengas razón —titubeó Sol—. La mayor parte del tiempo, creo que soy una fracasada. Abro las redes sociales y siento que cualquiera es mejor que yo. Nunca soy lo suficientemente buena. Además, cuando por fin sucede algo bueno, es como si no supiera recibirlo o, lo que es peor, ¡me siento una impostora!

El sapo, conmovido, se subió en la rodilla de Sol para compartir su propia historia.

—Mi madre nos abandonó a mis cinco mil hermanos y a mí, nada más poner los huevos. Crecí en la charca desprotegido, necesitando a mis padres en todo momento. Mi vida estaba rodeada de peligros y viví, durante mucho tiempo, camuflado e hinchado como un globo, tratando de defenderme de todo lo que se movía. Muchas veces no había ningún peligro, pero yo seguía hinchado igual, *¡por si los sapos!* —le contaba el animal—. Un día me harté de vivir de esa manera y decidí soltarlo todo. Lloré, pataleé y grité lo que llevaba dentro, hasta que desinflé mi cuerpo y recobré mi indefenso tamaño. A partir de ese momento, decidí abrazar la vida fuera de la charca del miedo. Me di cuenta de que toda esa necesidad no habitaba en las aguas de mi presente —prosiguió.

El sapo se enjugó las lágrimas y le hizo a Sol una trascendente pregunta.

—Muchacha, ¿a quién pertenecen esos agujeros? ¿A la bruja Sol que está aquí hoy o a la niña Sol que fuiste una vez?

Sol tendió su mano para que el sapo se subiera y pudiera estar más cerca de ella.

—Supongo que pertenecen a esa niña que fui. Alguien que aprendió a mirar la vida a través de esas heridas. Nunca me he atrevido a revivir mi historia, por miedo a defraudar a mi familia y a revivir mis anhelos —respondió Sol—. Gracias, sapo. No sabía lo triste y enfadada que me sentía hasta que me contaste tu historia —prosiguió—. Siempre he creído que mi dolor se debía a la mala suerte, a la envidia de otros o, incluso, a la magia negra... Sin embargo, me doy cuenta de que veo la vida a través de mis propias carencias —concluyó la bruja.

El sapo, más amable que de costumbre, le acercó una aguja e hilo para que cosiera los sacos. Sol se puso a remendar los agujeros como si estuviera reparando también sus propios vacíos.

Pasaron varias horas, hasta que finalmente los sacos estuvieron cosidos. Los dos nuevos amigos pudieron entonces meter la broza en las bolsas.

—¡Trabajo hecho! —exclamó la bruja, satisfecha, y, de pronto, percatándose de que tenía una escoba entre las manos, recordó la misión que le había encomendado la Gran Bruja Hécate de fabricar la suya—. Sapo, supongo que estas ramas ya no te sirven, pero yo podría utilizarlas para fabricar mi escoba. ¿Podría llevarme un puñado? —preguntó Sol.

—¡Claro! —respondió el sapo—. Las ramas llevan aquí desde que llegaste. Solo que ahora tienes más abiertos los ojos del corazón y has podido verlas.

Había caído la noche, así que Sol, feliz de tener otro componente para fabricar su escoba, se guardó un puñado de ramas junto a su camastro. Miró el mapa que tenía junto a la flor que le había dado el niño y, mágicamente, apareció dibujada la cueva.

Cada vez estaba más cerca de recuperar la magia que le proporcionaría su escoba, pensó.

Esa noche, Sol se recostó sintiendo una transformación dentro de sí. Como si en esa cueva hubiera nacido otra Sol, trasmutando las penas y la oscuridad que, por fin, se había atrevido a mirar de frente. Para su sorpresa, el sapo se acercó para despedirse, lo que llenó a Sol de tristeza, pues su nuevo amigo había sido un gran apoyo.

—La lluvia ha cesado por fin, así que puedes partir al amanecer. Recuerda que la verdadera magia reside en abrazar todas las partes de ti misma, incluso las más dolorosas. Solo a través de la aceptación encontrarás la semilla de la transformación —dijo el sapo antes de que, vencida por el cansancio, Sol se sumiera en un profundo sueño.

4

LA MORADA
DEL DUENDE LOCO

Sol salió temprano esa mañana, en la que brillaba un sol radiante. Esta vez lo hacía más confiada que de costumbre, como si una parte del peso que cargaba lo hubiera dejado en la cueva. No sabía hacia dónde se dirigía, pero sí sabía que tenía que seguir el curso del río, tal y como indicaba su mapa.

El aire era limpio, con el olor a tierra mojada que se levanta después de la lluvia. La luz tenía un brillo especial y se colaba de forma atrevida por las frondosas copas de los árboles.

La bruja caminó y caminó durante horas, hasta que el hambre y la sed la vencieron. Llenó una bolsa con cientos de frutos y se sentó en la orilla del río a disfrutar de su abundante cosecha.

Mientras comía, sus pensamientos viajaron hasta la próxima final del concurso. Confiaba en que su nueva escoba estuviera lista a tiempo para ganar a su rival. Pronto cumpliría su objetivo y todo lo vivido respecto a su última actuación quedaría tan solo como un mal recuerdo, pensó.

—¡Pero si solo me falta un palo para completar mi escoba! —exclamó, dándose cuenta de que había reunido casi todos los componentes necesarios para fabricarla.

Entonces, de ese pensamiento pasó al siguiente y enseguida cayó en la cuenta de que, mientras había estado en la cueva, casi no había reparado en el concurso. Sin embargo, ahora, de sopetón, le sorprendían toda clase de preocupaciones. Estaba tan aturdida con su propio ruido mental, que no se dio cuenta del fuerte sonido que flotaba en el aire. Era como el maullido lastimero de un animal herido.

Sobresaltada, Sol se puso de pie y gritó:

—¡¿Quién anda ahí?! ¡¿Holaaaaa...?! —gritó, esperando a que si era una fiera huyera.

—Ommmmmmmmmm —se escuchó a lo lejos, junto a una respiración lenta y profunda.

—Ommmmmmmmmmm —se oyó de nuevo.

Sol estaba tan asustada que no sabía si subirse a un árbol para estar a salvo o echar a correr. Pero, de repente, avistó a un joven sentado junto a una higuera con las piernas cruzadas y las manos reposando en las rodillas. El chico parecía estar en trance, totalmente ajeno a la presencia de Sol.

Ella se acercó, observándolo detenidamente. Era un joven apuesto, de su misma edad, vestido con una túnica blanca y el pelo largo ondeando bajo sus orejas. Sus rasgos eran suaves y emanaba una tranquilidad que se fusionaba con la brisa.

—Ommmmmmmmmm... Ommmmmmmmm... —repetía el joven con cada respiración profunda.

La tensión de Sol disminuyó al darse cuenta de que el misterioso sonido provenía de él. El muchacho abrió los ojos al notar la presencia de Sol y la saludó con una especie de reverencia.

—*Namasté* —pronunció.

—¡Hola! Me llamo Sol —respondió la bruja, intrigada—. ¿Hablas mi idioma?

—¡Hola, Sol! Mi nombre es Bruno. ¡Encantado de conocerte! —respondió el joven.

—Pensé que hablabas en otra lengua —comentó Sol, sonriendo.

Bruno explicó:

—Dije *Namasté*, que significa «Mi alma honra tu alma».

Sol se extrañó, pero enseguida una sonrisa brotó de su rostro.

—Pues mi alma honra a la tuya también. ¿Qué haces en este lugar?

—Estoy practicando la quietud de los árboles. —respondió el joven—. Debo permanecer en este bosque durante treinta días y treinta noches para alcanzar mi maestría.

Sol asintió con la cabeza como si lo escuchara atentamente, pero, en realidad, estaba pensando que tenía la sonrisa más apacible del mundo y, de pronto, sintió una especie de hormigueo en el estómago.

—¿Qué clase de magia practicas? —preguntó la joven bruja.

—Una muy antigua que aprendí en los bosques de Oriente —respondió el muchacho—. Y a ti, Sol, ¿qué te trae por aquí?

—Pues verás, durante mi actuación en el Congreso Mundial de Brujos y Brujas, mi escoba tecnológica Druidah desapareció misteriosamente junto a mi magia. Por fortuna, la Gran Bruja Hécate accedió a ayudarme. Así que tengo que seguir las indicaciones de este mapa para fabricar una nueva escoba *analógica* y recuperar mi magia —explicó la joven mientras señalaba el pergamino.

—¡Interesante! —dijo Bruno—. Sin embargo, en Oriente dicen que la verdadera magia no se encuentra, sino que se crea.

Sol reflexionó sobre las palabras de Bruno, sin entenderlas demasiado, y enseguida sintió curiosidad por su magia.

—Y tú, ¿qué cosas puedes conseguir con tu práctica?

Bruno sonrió y respondió:

—Puedo conseguir el mayor de los hechizos.

Los ojos de Sol se abrieron como platos.

—¡Cuéntame más! —exclamó con efusividad.

El joven continuó:

—Puedo conseguir todo lo que me propongo.

—¡Increíble! ¿Y qué es lo que te propones? —preguntó Sol, intrigada.

—Cada vez menos cosas —respondió el muchacho con mucha tranquilidad.

Sol lo miró desconcertada.

—Entonces, ¿para qué quieres la magia?

—Porque gracias a ella consigo vivir cada instante de la vida tal como es. No hay mayor magia que esa —afirmó Bruno.

Sol pensó que aquel muchacho era muy raro. Quería tener magia para no hacer nada con ella.

—Y tú, Sol, ¿por qué necesitas la magia que buscas? —preguntó Bruno con curiosidad.

Sol se quedó pensativa, pero enseguida compartió sus deseos:

—Quiero ganar la final del concurso Voces por la Magia y ser quien siempre he deseado ser, alguien de verdad.

Sin embargo, un pensamiento repentino la hizo dudar. Recordó a su amigo el sapo y su lección sobre las condiciones para la felicidad, pero enseguida apartó la moraleja de su mente.

Bruno, sorprendido por la respuesta, intervino de nuevo.

—¿Y cómo es ser alguien de verdad?

Sol titubeó antes de responder.

—Supongo que significa llegar a lo más alto, ser admirada, reconocida, famosa... ¡Tener éxito en la vida!

Sol pensó que ese joven le hacía demasiadas preguntas, pero Bruno siguió indagando.

—¿Y qué pasaría si no lograras ganar ese concurso?

—No... No... ¡Eso no puede ocurrir! Mi esperanza está puesta en ese concurso —respondió Sol con incomodidad.

—¿Así que te sientes como si estuvieras en la sala de espera de la vida? —preguntó el muchacho.

—¿Qué quieres decir? —cuestionó la joven, confundida—. ¿Acaso hay algo de malo en tener aspiraciones?

—¡Por supuesto que no, Sol! Pero creo que mientras esperas que algo concreto suceda, puedes perderte lo que realmente ocurre ante tus ojos. ¿Y si nunca llega eso que anhelas? Quizás, cuando mires atrás, te des cuenta de que desperdiciaste tu vida esperando. Si te gusta cantar... ¡hazlo!

Sol, sin saber muy bien qué responder, se sintió algo incómoda y comenzó a juguetear con sus largos mechones de cabello, retorciéndolos entre sus dedos.

—No canto como a mí me gustaría, por eso necesito la magia de mi escoba —confesó Sol, cabizbaja.

Bruno le sonrió con amabilidad.

—Fabricar esa escoba puede ayudarte a recuperar la magia, pero nunca será verdaderamente tuya. Será como el filtro que aplicamos a una fotografía o esa parte sesgada de nuestra vida que compartimos en las redes mágicas. La única magia que realmente necesitas es la de creer en ti misma.

Sol se dio cuenta de que toda su vida había dependido de su escoba. Perderla había sido como perderse a ella misma y miró a Bruno con una expresión llena de dudas.

—¿Y cómo puedo creer en mí y gustarme a mí misma? —preguntó Sol.

Bruno respondió con tranquilidad.

—Comienza por reconocer que siempre das lo mejor de ti. Valora tus esfuerzos, incluso si las cosas no salen como esperabas.

Sol asentía mientras escuchaba.

—Acepta la vida tal como es, con todos sus colores —prosiguió Bruno—. Aprende a dar las gracias por todo lo que te rodea y no des nada por sentado. ¡Fíjate en el día de hoy! —dijo el joven alzando los brazos—. ¡Tenemos la fortuna de estar vivos! ¿No es eso maravilloso?

La joven bruja se sentía un poco avergonzada. Bajó la cabeza y empezó a trazar círculos en la tierra con el pie, como si, de alguna manera, se sintiera atrapada en alguno de ellos.

—Siempre me habían dicho que tener sueños era algo hermoso —dijo Sol.

—¡Por supuesto que lo es, Sol! —afirmó Bruno—. Fijarse metas nos llena de motivación cada día.

—Mi sueño siempre ha sido llegar a lo más alto, por eso tengo que ganar ese concurso.

—Estoy segurísimo de que lo lograrás, Sol —aseveró Bruno con amabilidad—. Pero recuerda que, para que un sueño se convierta en realidad, necesitas más que soñar; debes trazar un camino para alcanzarlo.

—Ya. Pero a veces, a pesar del esfuerzo, no se consigue —murmuró Sol con pesar.

—Exacto. A veces los sueños se convierten en expectativas que nos limitan la vida. Cuando no se cumplen, dejan un gran vacío. Sin embargo, esos huecos, aunque no lo creas, contienen una información privilegiada acerca de nosotros mismos.

¿Y cómo se llena ese vacío? —preguntó Sol, intrigada.

—Contigo misma, Sol. Solo tú puedes llenarlo. —explicó Bruno—. El miedo que sentimos ante la posibilidad de que algo suceda o no lo haga, nos revela mucho acerca de nosotros mismos.

Sol se quedó sumida en sus pensamientos, pero luego sintió curiosidad.

—Mi miedo es no ganar ese concurso. ¿Qué crees que eso dice sobre mí?

—Quizás revela que no te sientes suficiente —respondió Bruno amablemente.

Sol se quedó pensativa.

—No me gusta mucho quién soy. Casi cualquier persona me parece mejor que yo —reveló la bruja.

—Quizás lo que no te gusta son los pensamientos que tienes acerca de las cosas y no lo que sucede en realidad —sugirió Bruno.

—La verdad es que me siento vacía y cantar es lo único que me hace feliz —dijo Sol.

—¡Pues entonces, canta! —exclamó el joven en tono alentador.

—Ya lo hice. Actué en el Congreso Mundial de Brujos y Brujas, y, cuando me di cuenta de que habían robado mi escoba, mi voz sonó completamente desafinada —protestó Sol.

—Si solo observas tus fallos, o lo que te falta, estarás en permanente lucha contigo y con el mundo. Ese reconocimiento, ese éxito que crees que necesitas del exterior, lo debes encontrar primero en ti misma. Naciste bruja, así que la magia está en ti —sugirió el joven.

Sol pensó en lo mucho que había dependido de su escoba y cómo la pérdida de esta la había afectado profundamente. De nuevo, se acordó del sapo. Recordó los sacos rotos de su mente. Cómo por más que intentaba llenarse, su agujero era tan grande que nada la colmaba.

—Quizás tengas razón. No consigo ver todo lo bueno que hay en mí, pero no sé qué hacer con esta sensación de fracaso —dijo Sol con el semblante triste y pensativo.

Bruno respondió de forma comprensiva:

—Imagina que soy yo el que está en tu situación. Que mi actuación salió mal y que me odio por ello. ¿Qué me dirías?

Sol reflexionó antes de responder:

—Pues supongo que trataría de hacerte entender que un mal día lo tiene cualquiera y que, si algo hubiera salido mal, nada tendría que ver con tu talento. Intentaría animarte para que volvieras a intentarlo.

—¡Exacto! —exclamó Bruno—. Eso es lo que tú mereces, Sol. Que te ames sobre todas las cosas y te trates con ternura. Los errores son parte de la vida y es gracias a ellos que tomamos el impulso necesario para avanzar. Además, ¡nada es tan grave, ni nada es para siempre! Aunque no lo creas, no somos tan importantes como creemos. Somos tan solo una mota de polvo en un Universo infinito.

Sol se sintió intrigada y preguntó:

—Me gustaría verlo tan sencillo como tú, pero... ¿cómo se consigue eso?

Bruno quiso revelarle su sabiduría.

—En los bosques lejanos de Oriente, aprendí a escuchar la voz del duende loco.

Sol quiso saber más:

—¿El duende loco?

Bruno sonrió y le explicó:

—El duende loco vive dentro de nuestra cabeza. Se mueve constantemente de un lado a otro y hace mucho ruido. Se divierte distorsionando la realidad, amenazando con un futuro catastrófico y creando pócimas mágicas para crear recuerdos deprimentes o expectativas irreales.

Sol se quedó perpleja.

—¿Y dónde puedo encontrar a ese duende loco?

—¿De verdad quieres encontrarlo? —preguntó Bruno con simpatía.

—¡Sí! Me encantaría desterrarlo para siempre —contestó Sol, decidida.

—Entonces... ¡Cántame la canción de tu última actuación! —propuso Bruno, lo que tomó por sorpresa a Sol.

—¿Cantar? ¿Aquí? Oh, no, no... ¡No puedo! Ahora no es el momento... Tendría que calentar mi voz, tomar mis infusiones, estar descansada y hacer una serie de estiramientos —dijo Sol, nerviosa.

—Está bien, esperaré —dijo Bruno mientras se tumbaba pacientemente sobre la hierba.

La ansiedad se apoderó de Sol, mientras Bruno la observaba.

La bruja respiraba agitada, como si, de repente, se hubiera agotado el oxígeno del bosque. Entonces, como de costumbre, la voz de su mente comenzó a atormentarla.

«No eres capaz. Lo haces mal. Fracasada. Eres horrible. Si cantas, desafinarás y harás el ridículo. No sirves...».

Sol empezó a sentirse mareada, atrapada en sus pensamientos negativos. En ese momento Bruno, que había provocado esa situación intencionadamente, dio un salto, se acercó a ella y sacó al travieso duende de su anaranjada melena.

—¡Ay, suéltame! —exclamó el duende malhumorado, mientras Bruno lo sujetaba con dos dedos.

Sol no podía creer que ese ser viviera en su cabeza y con asombro le gritó:

—¡No puedo creerlo! ¡O sea, que eras tú el de la voz impertinente!

—¡Vaya! ¡Atrapado! —dijo el duende, feliz de haber creado ese malestar en Sol—. ¡Por fin has conseguido verme! Que sepas que voy a seguir diciendo lo peor de ti.

—¡Pues no tiene gracia! —exclamó Sol, enfurecida—. ¡Déjame en paz y vete de aquí!

—No me puedo ir; soy tu voz interior—dijo el duende con una actitud altiva.

—Y ¿por qué me desprecias de esa manera? —le preguntó Sol.

—¡Buena pregunta! Eso tendrías que decírmelo tú a mí —dijo el duende con sarcasmo—. Seguramente alguien te habló así durante tu infancia y la verdad es que este *duendecillo* aprende por imitación —añadió burlón—. Tampoco te quejes tanto, porque nunca me has prestado atención.

—No sabía de tu existencia —replicó Sol.

—¡Claro! Nunca te has preocupado por escuchar mi voz —dijo el duende, mientras ensayaba unos giros sobre sí mismo.

—Estaría bien que fueras más amable, la verdad. Tus comentarios me hacen la vida imposible —reclamó Sol.

—*Me hacen la vida imposible, me hacen la vida imposible...* —repetía el duende en tono burlón, y, dando un saltito, se volvió a acomodar en la cabeza de Sol.

Mientras tanto, Bruno extendió su mano, invitando al duende que moraba en su interior a posarse en ella.

—Te presento a Pensilín —dijo el muchacho.

El duende de Bruno saludó con una cordial reverencia.

—¡Buenas tardes! ¡Espero que tengáis un feliz día! —dijo amablemente.

—¿Por qué el tuyo es tan amable? —preguntó Sol.

—Al principio era igual de impertinente y travieso que el tuyo. Cuando no sabía que vivía en mí, creía en todo lo que me decía esa voz. Pero, cuando logré verlo, puse atención a todo lo que tenía que decirme y, de esa manera, aprendí a llevarme bien con él. Ahora somos amigos y solo habla cuando le doy permiso —explicó el muchacho.

—¿Y cómo lo conseguiste? —preguntó Sol.

—Entrené muchas horas la magia de Oriente —contestó el joven con satisfacción—. Entendí que el duende es como un comentarista de fútbol. Habla todo el día, a todas horas y todo lo clasifica. «Esto está bien, esto está mal, me gusta, no me gusta, me cae bien o mal, me duele, me avergüenza, no puedo… bla, bla, bla…» —prosiguió—. Sin embargo, ahora que sabes de su existencia, tienes que estar pendiente de lo que dice, porque si no acabarás creyendo en su voz.

—Y ¿cómo hago para no creer lo que dice?

—¡Buena pregunta! El duende es la voz del pensamiento y lo que piensas es producto de una forma de mirar.

—¿Quieres decir que lo que yo veo no es verdad?

—¡Exacto! Nada es verdad, ni nada es mentira. Tú ves las cosas de una manera basándote en tus experiencias y yo las puedo ver de otra, basándome en las mías. Te pondré un ejemplo —añadió—. Imagina a dos personas que ven el mismo atardecer. Una de ellas ha tenido un día maravilloso y está llena de alegría. Su duende le dice: «¡Qué hermoso atardecer!». La otra persona, que ha tenido un día difícil, está llena de tristeza. Su duende le dice: «¡Qué atardecer tan melancólico!». Aunque están viendo lo mismo, sus experiencias personales influyen en cómo interpretan el atardecer —explicó el joven.

—Entonces, ¿quieres decir que tengo que poner en duda cualquier cosa que me diga el duende? —preguntó la bruja.

—¡Así es! —afirmó Bruno—. Al principio vas a tener que estar alerta para que la voz del duende no se confunda con la tuya y, una vez que lo encuentres hablándote, tendrás que preguntarte si eso que dice es cierto.

—Y ¿qué pasa si sigo creyendo que lo que dice es verdad? —preguntó Sol.

—Bueno... Preguntarse algo abre más posibilidades que creer las cosas desde un principio. Así es que, en ese momento, ya estarás abriendo una puerta —contestó el joven—. El siguiente paso será educar al duende para que su voz sea más constructiva y que poco a poco aprenda a no comentar la jugada. Pero eso te lo enseñaré estos días.

Mientras hablaban los dos jóvenes, el duende de Sol asomó la cabeza entre su melena.

«No podrás hacerlo. Recuerda que todo te sale mal. Es mejor que te centres en fabricar una nueva escoba y te olvides de la magia de creer en ti. Estás quedando como una tonta...».

Sol se quedó atrapada en esas frases, como si hubiera olvidado que acababa de conocer al duende. Sin embargo, Bruno estaba allí para recordárselo.

—El duende te va a hablar todo el tiempo. Tendrás que entrenarlo para silenciarlo.

El joven hizo el gesto de incorporarse y ayudó a levantarse a Sol. Se dirigieron hacia un refugio que había en el bosque donde el joven estaba hospedado. Allí le ofreció una cama a Sol para que dejara sus cosas y preparó una deliciosa sopa de arroz. Después de cenar, cada uno se retiró a su alcoba.

A Sol le costó conciliar el sueño. Había experimentado demasiadas emociones y aprendizajes en un solo día. Sin embargo, sentía algo diferente. La proximidad de aquel muchacho le provocaba una sensación especial. Tal vez, gracias a él, comenzaba a apreciarse un poco más a sí misma.

—Buenas noches, duende. Espero no oírte hasta mañana —dijo Sol.

«Seguro que no lo consigues», susurró el pequeño ser.

—Pues te aseguro que lo haré —dijo Sol con determinación, y, dándose media vuelta, cayó profundamente dormida.

5

EL SILENCIO
DEL GRAN FRESNO

Sol amaneció como si hubiera dormido una vida entera. Se dirigió hacia la cocina y encontró una nota que Bruno le había dejado sobre la mesa.

Querida Sol:

Siguiendo el curso del río, hacia la montaña, encontrarás al Gran Fresno. Allí podrás conseguir el palo para tu escoba.

Estaré practicando la quietud de los árboles.

Nos vemos de vuelta cuando caiga el sol.

¡Namasté!

Bruno

La joven pensó que le habría gustado pasar el día con su amigo, pero su determinación por encontrar su último componente la impulsó a seguir adelante. Tenía la sensación de que su misión estaba llegando a su fin, pues estaba a punto de completar su nueva escoba.

Después de un reconfortante baño, se dirigió hacia lo alto del sendero en busca del gran rey de los árboles.

Durante el trayecto, se acordó de la lección de Bruno sobre cómo la realidad se moldea a través de la perspectiva. Pensó en la belleza del amanecer y se preguntó si el hecho de apreciarla tendría que ver con eso. Se dejó envolver por la melodía de los pájaros y se regocijó en la fragancia que desprendía el majestuoso bosque.

—¿No tienes nada que decirme hoy? —le preguntó Sol a su duende.

Sin embargo, el peculiar personaje parecía absorto en sus propios sentidos, al igual que lo hacía Sol. La joven sintió su pecho más ligero, como si el hecho de haber descubierto a su duende le hubiera quitado una gran carga. Ahora sabía que podía observar esa voz y decidir no identificarse con ella. «El duende es el duende y yo soy yo», pensó.

De repente, el camino se convirtió en una gran explanada, en cuyo centro se erigía el Gran Fresno.

—¡Guau! —exclamó Sol al verlo—. ¡Es la naturaleza en su máxima expresión! ¿No te parece, duende?

Pero su peculiar compañero permanecía en silencio.

—¡Siempre amargándome la vida y hoy pareces inexistente! —murmuró Sol.

La bruja se acercó al árbol. Debía medir alrededor de veinte metros de altura y su copa se extendía majestuosamente hacia ambos costados. Sol rodeó el árbol mientras acariciaba su inmenso tronco.

—¡Con razón te llaman «el rey de los árboles»! —susurró.

—¡Buaaaaaaaa! —bostezó el árbol, mientras estiraba todo su tronco.

Sol dio un salto hacia atrás, asustada, al ver cómo el árbol se movía en todas direcciones, agitando sus ramas.

—¡Buenos días, muchacha! —dijo el fresno adormilado.

—Buenos días, Gran Fresno, Perdóneme si lo he despertado —contestó la bruja, desconcertada y de nuevo apareció la voz:

«Te estás volviendo loca. No puede ser que la naturaleza entera te hable. Más vale que te

77

marches de aquí. Estás molestando, ¡como siempre! Este árbol no va a querer darte una de sus ramas para que tú construyas tu escobita...».

—¡Cállate de una vez, duende! Ahora sé que eres tú y no volveré a creerte —gritó Sol, frustrada.

—¿Qué ocurre, pequeña bruja? —preguntó el árbol.

—Nada, Gran Fresno... Es solo que mi duende interno no para de boicotearme —respondió Sol.

—¡Ajá! Pues estás en el lugar adecuado —dijo el gran árbol—. Si lo deseas, puedes aprender de mi silencio.

—¡Muchas gracias! —respondió Sol—. Y... tamtam-también quería pedirle un favor —añadió con vacilación.

—¡Claro, muchacha! ¡Haré cuanto esté en mis ramas! ¿Qué necesitas? —preguntó el árbol.

—Verá, yo tenía una escoba mágica que desapareció y, para recuperar mi magia, tengo que fabricar una nueva. La cuestión es que solo me falta un tronco como el suyo para terminarla.

El árbol soltó una gran carcajada.

—Querida mía —dijo el árbol con ternura—, no necesitas nada para ganarte la magia; naciste con ella. Sintonízate con la esencia de la naturaleza y, entonces, estarás sintonizando contigo misma. Esa es la verdadera magia que necesitas ver.

Sol pensó que algo de verdad habría en esas palabras, pues cada enseñanza que había encontrado en el bosque señalaba en la misma dirección. Pero, por ahora, necesitaba conseguir ese trozo de fresno cuanto antes, *pensaba*.

—¿Cree que podría darme una de sus ramas? —insistió Sol, poniendo su mejor sonrisa.

—¡Paciencia, criatura! Los brujos y brujas lo queréis todo ya. Soluciones rápidas, triunfos inmediatos, placeres apresurados... Además, os rodeáis de tecnología, creando un mundo y unos tiempos artificiales que no se corresponden con la realidad. En la naturaleza, todo lleva su propio ritmo. Una semilla solo se convierte en flor cuando llega el momento propicio, ¡nunca antes! —dijo el árbol, visiblemente molesto y somnoliento.

Sol miró hacia el suelo y sonrió tímidamente.

—Disculpe, Gran Fresno.

—Ven, anda. Acércate, pequeña —le pidió el árbol—. Quiero enseñarte mi esencia. Después te brindaré una de mis ramas y, a cambio, te pediré que me ayudes a eliminar de mi copa todas las que estén rotas, enfermas o muertas. De lo contrario, puedo contraer enfermedades o contagiar alguna plaga —explicó el gran árbol.

Sol pensó que ese fresno era digno de un personaje de cuento. Tenía esa sabiduría que solo poseen las almas centenarias.

—Por supuesto que le ayudaré, Gran Fresno —dijo Sol, decidida, sin saber muy bien cómo accedería a esa altura—. Quiero darle las gracias por su amabilidad —prosiguió Sol.

—No me des las gracias, querida. Formo parte de este maravilloso ciclo del dar y recibir. Tengo cuanto necesito y doy cuanto tengo —dijo el árbol—. Fíjate, muchacha: mis hojas vuelven a la tierra en forma de abono; mi tronco y mis ramas dan refugio a cientos de animales, mi copa da sombra al que busca resguardo y mis hojas oxigenan el aire. ¡Todos tenemos la labor de contribuir a este ecosistema! —concluyó el árbol mientras desentumecía sus ramas.

—¡Eso es maravilloso! —respondió la bruja, pensando en que ella no contribuía en nada—. Y ¿cómo logra aportar ese perfecto equilibrio? —preguntó Sol.

—Pues buena pregunta... Supongo que simplemente *soy*, pero... ¡acércate y lo experimentarás! —le sugirió el árbol.

Sol asintió con resignación y se sentó apoyada en su tronco. Estaba dispuesta a hacer lo que fuera por conseguir una de sus ramas.

—Ahora, simplemente relájate y descansa en mí. Quizás te ayude cerrar los ojos para concentrarte mejor —propuso el fresno.

El árbol se mantuvo en silencio durante varios minutos, dejando que Sol se sumiera en la tranquila sinfonía de la naturaleza que la rodeaba: el ligero silbido del viento, el zumbido de los insectos y el suave murmullo de las hojas que danzaban en la hierba.

—Ahora imagina que te has convertido en un majestuoso árbol, en un gran pulmón para este planeta. Tan solo respira profundamente y siente cómo cada tensión se transforma en una energía que es liberada a través de tus ramas.

Sol se dejó llevar por las palabras del fresno. Pronto se dio cuenta de que ese antiguo árbol le infundía una intensa sensación de calma. Era como si, de alguna manera, esa paz ancestral ya fuera parte de su ser y la hubiera cubierto de tierra con el paso del tiempo.

—Lo haces muy bien, Sol —murmuró el árbol—. Ahora presta atención a tu cuerpo. Acepta todas las sensaciones que surgen, incluso las más incómodas. Lo bueno, lo malo... Todo está bien. Acepta este momento tal como es, sin juicios ni expectativas. Justo ahí es donde reside la verdadera paz.

La joven bruja entró en un estado profundo de quietud. En ese momento, comenzó a comprender lo que Bruno le había intentado transmitir sobre la verdadera magia de aceptar la vida en su totalidad, tal como lo hacía el compasivo árbol.

—¡Ojalá pudiera ser como tú! —exclamó la joven bruja, rompiendo ese momento de concentración.

—Eres como yo, jovencita, porque tú y yo somos lo mismo. La conciencia no es otra cosa que la naturaleza en estado puro —respondió el árbol con sabiduría—. Pero continúa respirando. Quiero que vivas esta experiencia por completo.

Sol siguió las indicaciones del fresno y se sumió aún más en su meditación. A medida que respiraba, sentía que se fusionaba cada vez más con los sonidos y ritmos del bosque. Se maravilló con la belleza de esa banda sonora: el diálogo de los pájaros en el aire y el murmullo del agua corriendo, recordándole que la vida es un flujo constante que nunca se detiene.

Sol deseó que ese momento durara para siempre, sintiendo cómo su ser se disolvía y se convertía en parte del todo. Sin embargo, la voz del árbol la hizo regresar de nuevo a su cuerpo y al presente.

El Gran Fresno hizo varias pausas prolongadas para que Sol experimentara plenamente cada sensación.

—Observa los colores que te envuelven, las texturas que te rodean. Siente la ligereza de tus ramas y hojas. Toma conciencia de la increíble belleza y energía que emanas —continuó el árbol.

Sol se visualizó a sí misma danzando bajo el cálido sol, elevando sus brazos hacia el cielo, como si quisiera tocar las nubes. En ese momento, experimentaba una libertad que antes le resultaba desconocida, como si habitara un espacio libre de pensamientos y juicios.

—Ahora siente cómo crecen tus pies hasta convertirse en unas profundas raíces —proseguía el Fresno—. Date cuenta de cómo viajan por el interior de la tierra, conectándose unas con otras. Fíjate en cómo, a través de ellas, intercambiamos los recursos que necesitamos y tejemos la más bella red de comunicación que ha existido jamás.

Sol se imaginaba tal y como describía el fresno. Podía sentirse fuerte, solemne, erguida y robusta. Preparada para cualquier inclemencia y en total conexión con la tierra y las demás especies.

—Ahora, visualiza los anillos de tu tronco —continuó el fresno—. Cada anillo cuenta la historia de tu vida: las partes quemadas, las épocas de sequía, las enfermedades o las dificultades vividas. Es tu historia, con todas tus experiencias, la que te hace única y excepcional.

Las lágrimas rodaron por las mejillas de Sol mientras revivía sus propias luchas y triunfos. Suspiró profundamente, como si su cuerpo se desenredara, sin ser ella consciente. Por un momento, deseó quedarse en esa experiencia para siempre, pero enseguida la sabia voz del árbol la llamó de vuelta.

—Date cuenta de que eres un Universo completo. El árbol o la planta surgen de la semilla contenida en el excremento de un pájaro. El pájaro existe gracias al fruto de otro árbol. Este, por la tierra, el sol y la lluvia. La lluvia, por la nube y esta, por los océanos. Por lo tanto, tú eres el todo: el pájaro, la semilla, la lluvia, el océano, la tierra y el sol. Eres tus ancestros, tus padres, tu cultura y tu alimento. Eres la manifestación del universo entero.

»Todos formamos parte de un perfecto equilibrio, por eso el respeto y el amor deben guiar tus acciones. Nutre tus raíces para poder brindar un alimento saludable a tu entorno. Recuerda que, antes de poder amar a otros, debes amarte y cuidarte a ti misma —concluyó el árbol.

Transcurrieron varios minutos y el fresno respetó el profundo trance de la joven, esperando pacientemente a que Sol regresara al presente por sí misma. Sin embargo, en lugar de despertar de su estado, Sol comenzó a elevarse, flotando lentamente hacia las ramas del fresno. A medida que ascendía, entonó una antigua canción que resonaba con las melodías que sus abuelos solían cantar en el bosque.

Somos las hijas de la Tierra y el Cielo,
guardianas de la magia, del amor y el anhelo,
con el poder de la naturaleza en nuestro ser,
en armonía con ella, siempre hemos de ser.

Así cantamos, oh, Tierra, a tu esplendor,
con respeto y amor, en cada canción y flor,
que nuestras voces se eleven, que el hechizo florezca,
en este canto antiguo, en tu abrazo merezca.

Oh, Tierra querida, en nuestra canción y danza,
encontramos la magia, la paz, la bonanza,
bajo el sol y la luna, en la noche y el día,
en cada rincón tuyo, encontramos alegría.

Mientras Sol se sumergía en la esencia del árbol, iba experimentando una conexión cada vez más intensa. Fue elevándose poco a poco hasta alcanzar la cima de su imponente copa. Con delicadeza, recorrió cada rama, mientras sus manos acariciaban suavemente las secas o dañadas, provocando que se desprendieran y cayeran por sí solas.

La fusión con el árbol era tan profunda que se convirtió en una extensión de él, capaz de actuar en su beneficio. Una vez terminada su tarea, descendió de regreso a la tierra, sintiendo cómo sus pies se anclaban de nuevo en el suelo. Al recobrar plenamente su conciencia, abrió los ojos con una sensación de ligereza y una profunda conexión con el árbol que tanto le había enseñado. Satisfecha, contempló el fruto de su trabajo.

Sol se dio cuenta de que ayudar a los demás era, a su vez, ayudarse a sí misma; porque ella era ese árbol, así como era la tierra, el pájaro, el gusano y el sol. También comprendió que era sus enemigos, ya que, al fin y al cabo, sufrían por las mismas causas que ella lo hacía.

Tan absorta estaba en sus pensamientos que se olvidó de su escoba y no reparó en que el palo perfecto para construirla yacía junto a sus pies.

—Muchas gracias, Su Majestad el Gran Fresno —dijo Sol, emocionada—. Por fin he podido sentir algo parecido a la magia. Espero que nunca se me olvide. Gracias por este regalo.

—Los humanos habéis creado la falsa idea de que existe un *yo* separado del resto. El pez tiene la virtud de ser él mismo, al igual que lo es el girasol, la libélula o la hormiga. Solo mediante el silencio podrás llegar a ti misma. Cuando calmes tu mente ruidosa podrás dejar de imaginar cosas a través de tus pensamientos y creencias —dijo el árbol—. Recuerda que las cosas simplemente SON, libres de juicios y etiquetas. La verdadera magia reside en saber que la naturaleza contiene el Universo íntegro y que cada persona que encuentres en tu camino eres tú misma. No olvides nunca la experiencia de ser árbol, porque en ella valorarás los anillos dibujados en el tronco del prójimo —concluyó, y, haciendo una reverencia, se despidió.

La bruja tomó la rama de fresno entre sus manos y regresó a casa de Bruno, que todavía no había vuelto. Allí reunió todos los componentes que había ido recogiendo y, por fin, fabricó su nueva escoba. Era muy diferente a Druidah, pero esta era especial, se dijo a sí misma.

Sol miró el mapa de Hécate y vio que aparecía el Gran Fresno dibujado. «La magia está cerca», pensó, y abrazada a ella se quedó profundamente dormida.

6

LA EXPLANADA
DEL VUELO

Sol se despertó pletórica esa mañana por haber alcanzado su cometido. Ahora que seguramente había recobrado la magia, le asaltaban numerosos planes en su cabeza.

Se imaginó a sí misma triunfando en la final del concurso Voces por la Magia, siendo el centro de atención y viviendo la vida que siempre había soñado. Se imaginó luciendo los mejores trajes y asistiendo a incontables fiestas para celebridades.

También pensó en cómo crecería su popularidad en las redes mágicas y se imaginó dando numerosas entrevistas.

De repente, una melodía familiar resonó en su cabeza. Parecía como si estuviera bajo un hechizo. Sol tomó la escoba entre sus manos y, sujetándola como si se tratara de un micrófono imaginario, danzó por la habitación cantando sin parar.

You are the dancing queen.
(Eres la reina del baile).
Young and sweet,
(Joven y dulce),
only seventeen,
(con tan solo diecisiete años)
Dancing queen.
(Eres la reina del baile).

La melodía llenó cada uno de los rincones de la estancia. En medio de su canto, un golpe en la puerta la interrumpió.

—¡El desayuno está listo, Sol! —anunció Bruno con su característica alegría.

Sol salió enseguida, un poco avergonzada por haberse dejado llevar de esa manera. Bruno la miró con una mezcla de curiosidad y admiración.

—¡Tienes una voz preciosa, Sol!

—Gracias, Bruno. Será que la magia ya está haciendo efecto —respondió Sol, mostrándole su nueva escoba, con una mezcla de orgullo y expectación.

—¡Enhorabuena, Sol! ¡Has logrado lo que te propusiste! —dijo el joven, contagiado por la emoción de su amiga.

La escoba tenía un aspecto similar a las de antaño. A simple vista, no parecía diferente de cualquier otra escoba que las brujas usaban en sus tareas cotidianas.

—¡Estoy impaciente por probarla! —exclamó Sol.

Después de un desayuno lleno de risas y planes de futuro, los dos jóvenes se fueron río abajo. Llegaron a una pequeña llanura que se abría esplendorosa de flores y Bruno examinó minuciosamente la nueva escoba. Observó que Sol había unido las ramitas y cómo había añadido los componentes que había recolectado durante su viaje.

—Está perfecta, Sol. Lista para volar.

Bruno subió a la escoba y, para sorpresa de ambos, salió volando sin dificultad. Realizó acrobacias y giros, mientras gritaba exultante por la emoción.

—¡Funciona a la perfección! —vociferaba desde las alturas—. Vamos, Sol. ¡Es tu turno!

El entusiasmo del muchacho inspiró a la joven, que tomó la escoba con determinación. Se montó en ella con el corazón desbocado y cerró los ojos presa de la emoción.

—Vamos, escobita. ¡Vuela! —gritaba Sol, pero la escoba permanecía inmóvil bajo ella.

Bruno la miraba con extrañeza, pues él acababa de volar sin ninguna clase de esfuerzo.

—¡Vuela, escoba, vuela! —seguía gritando Sol, pero la escoba seguía quieta.

La frustración comenzó a invadir a la joven.

—¿Por qué a ti te funciona y a mí no? —preguntó con tristeza.

Sin embargo, de repente, su esperanza se encendió de nuevo al recordar que su escoba estaba incompleta.

—¡Todavía falta la flor! —dijo con ilusión.

Los dos jóvenes volvieron a la cabaña de Bruno y Sol buscó impaciente entre sus cosas. Allí encontró la flor que el niño al que Hécate había salvado de una paliza le regaló con tanto cariño. Entonces, una sonrisa se dibujó en su rostro cuando las palabras del niño resonaron en su mente: «Recuerda que un niño como yo también vive en ti».

Con esa ilusión de niña, Sol colocó la flor en el extremo superior del palo de la escoba y la aseguró con un trozo de liana que le había sobrado. Cuando la tuvo lista salió corriendo de la cabaña y volvió al mismo lugar donde había experimentado una montaña rusa de emociones. Estaba tan nerviosa que no se dio cuenta de que había dejado a su amigo atrás.

Esta vez, con su valentía renovada, trató de recordar uno de los conjuros mágicos que usaban sus abuelas para invocar la magia del vuelo. Montada en su escoba, se conectó al recuerdo de sus antepasados, como si sus voces la guiaran en ese momento. Con voz firme y llena de esperanza, pronunció:

Por las fuerzas ancestrales de la magia,
que en esta escoba despierte el vuelo.
Con el eco de antiguos hechizos,
la esencia de la tierra y el Universo entero.
¡Alza tu vuelo y vuela!

Sin embargo, a pesar de su empeño e ilusión, la escoba permaneció inmóvil en el suelo. La joven probó a volar de todas las formas posibles: corrió hacia delante, retrocedió, se sentó en el suelo, se recostó e, incluso, se aventuró a saltar desde la rama de un árbol cercano. A pesar de los esfuerzos, la escoba se negó a responder y lo único que consiguió fue algún que otro rasguño al chocar su cuerpo contra la tierra.

La frustración y el desaliento empezaron a apoderarse de ella. Un sentimiento de impotencia la golpeaba con fuerza. Finalmente, exhausta tanto física como emocionalmente, tiró la escoba hasta donde le alcanzó el impulso y se echó a llorar desconsoladamente.

—¡He fabricado la escoba, he seguido las instrucciones de este mapa y aun así mi magia no funciona! ¡¿Qué más debo hacer, Hécate?! ¡¿QUÉ MÁS DEBO HACER?! —gritaba la joven mirando hacia el cielo y sintiéndose embargada por la ira.

Para su sorpresa, una figura misteriosa envuelta en un manto oscuro apareció frente a ella. No había duda de que era Hécate, la Gran Bruja y guardiana de la magia ancestral.

—¿A qué vienen esos gritos, muchacha? —preguntó la Gran Bruja, mientras desempolvaba su vestido con mucho aplomo.

Sol se quedó perpleja al ver a la figura legendaria frente a ella. De repente, se sintió vulnerable y avergonzada por ese arrebato de rabia.

—He hecho todo lo que me dijo. Me he sacrificado durante todo este tiempo y mi magia sigue siendo inalcanzable. He fabricado mi nueva escoba y ni siquiera puede volar —explicó Sol, visiblemente molesta.

—Quizás es que todavía no tienes la suficiente ligereza en tu espíritu como para alzar el vuelo, querida. La magia no siempre se manifiesta como esperamos. A veces, nuestras expectativas y deseos pueden bloquear el flujo de la energía mágica —dijo Hécate, resonando con sabiduría ancestral.

Sol se secó las lágrimas con una mezcla de confusión y súplica.

—Pero usted me dijo que para conseguir mi magia debía fabricar una nueva escoba y eso he hecho.

Hécate sonrió ligeramente, como si ya supiera lo que Sol necesitaba escuchar.

—Así es. Y lo has hecho muy bien, muchacha. Sin embargo, la magia no se encuentra en objetos externos ni en expectativas. Ninguna escoba te va a devolver tu magia.

Las palabras de Hécate resonaron en los oídos de Sol como un eco lejano: «NINGUNA ESCOBA TE VA A DEVOLVER TU MAGIA». Los ojos de Sol se entrecerraron y su ceño se frunció con un gesto de enojo y frustración.

—¡¿Qué quiere decir con que la magia no está en la escoba?! —exclamó la joven enfadada—. ¡¿Acaso no me dijo que fabricara una escoba nueva?! ¡¿Quiere decir que he seguido este mapa y recolectado todos estos componentes para nada?!

Hécate la miró sin inmutarse, como quien presencia la pataleta de un niño enfadado.

—No, joven bruja. No ha sido en vano. Cada paso que has dado te ha llevado más cerca de la verdadera magia, pero la magia no se encuentra en los objetos que poseemos, sino en la esencia de quienes somos.

Sol soltó un suspiro de frustración y apretó sus puños con fuerza.

—Entonces, ¿qué debo hacer? ¿Cómo encuentro la magia si no es a través de la escoba? —preguntó Sol, desesperada.

Antes de que Hécate pudiera responder, un sonido suave resonó en el bosque. Sol giró la cabeza y se encontró con la mirada tranquilizadora de Bruno, que estaba a pocos metros de distancia. Su largo cabello parecía brillar con la luz que se colaba entre los árboles.

—Sol, ¿estás bien? —preguntó Bruno con genuina preocupación.

La muchacha se giró hacia Hécate, pero la Gran Bruja había desaparecido. Sol bajó la mirada y los ojos se le llenaron de lágrimas.

—No lo entiendo, Bruno. He seguido cada paso, he fabricado la escoba como me dijo Hécate, pero ¡sigo sin tener magia!

Bruno se acercó a ella y la abrazó.

—Sol, a veces la magia no es algo que podamos forzar. No se trata solo de objetos o conjuros, sino de lo que hay en tu corazón y en tu mente. A veces la verdadera magia surge cuando menos te lo esperas; quizás aparezca cuando dejes de luchar y simplemente te abras a lo que el Universo tiene que ofrecerte.

—Gracias, Bruno. Puede que tengas razón —dijo la joven con resignación—. Creo que ha llegado el momento de volver a casa. Ya no puedo más.

Los dos jóvenes echaron a andar rumbo a la cabaña. Sol recogió la escoba del suelo que con tanto despecho había lanzado por los aires. Con el alma rendida y el cuerpo agotado, le hizo un gesto a Bruno para que se fijara en su escoba inerte. El muchacho la miró con los ojos llenos de ternura, le hizo una mueca de compasión y siguieron andando en silencio.

Pero, mientras avanzaban por el bosque, una maravillosa sorpresa los aguardaba. Se abrió un claro en el frondoso entorno y, en el centro de ese espacio, apareció una majestuosa cierva. Su pelaje era marrón como los troncos de los árboles, adornado con unas motas doradas que le daban un aspecto aún más mágico. Sus ojos, profundos como los secretos de la naturaleza, parecían contener la sabiduría de los siglos. Su presencia era imponente, como si se tratara de una mensajera de los secretos mejor guardados de los bosques.

Los dos jóvenes, impresionados por la presencia de la cierva, se detuvieron a contemplarla. Era como si el bosque mismo les hubiera concedido un regalo especial en medio de un día lleno de desafíos. La cierva también permaneció allí observándolos, aunque lentamente se fue acercando hacia ellos, como si quisiera que ese encuentro tuviera un propósito especial.

—¡Es increíble! —susurró Sol.

Bruno estaba cautivado por la magnificencia del momento, pero, de repente, la belleza y la tranquilidad de la escena se vio perturbada por un cambio de actitud en la cierva. El animal se empezó a mostrar inquieto. Sus orejas se movieron y sus músculos se tensaron, al igual que sus patas. Al mismo tiempo, el corazón de Sol empezó a latir muy rápido. Una angustia que hasta entonces no había experimentado se empezó a apoderar de ella. Un nudo se formó en su garganta y sus manos se aferraron con fuerza a su nueva escoba.

—Algo va mal, Bruno. Se ve en sus ojos que algo pasa y no puede expresarlo con palabras —dijo Sol con seguridad mientras clavaba su mirada en la cierva.

El animal se acercó hacia ellos, pero enseguida retrocedió.

—Creo que nos está pidiendo que la sigamos —afirmó Sol—. Tal vez hay algo que quiera mostrarnos.

Sol y Bruno se adentraron en el bosque tras la cierva.

Los árboles parecían susurrar palabras de aliento mientras avanzaban, como si la naturaleza estuviera colaborando con la urgencia del animal.

Finalmente llegaron a una zona donde unas grandes rocas bloqueaban el camino. Con un gesto inquieto, la cierva miró hacia las rocas y luego hacia Sol y Bruno.

—¡Oh, no! —murmuró Sol—. ¡Hay un cervatillo atrapado!

—Creo que la cierva ha estado tratando de decirnos que su cría estaba en peligro —apuntó Bruno.

Con mucha determinación se dirigieron hacia las rocas y comenzaron a trabajar juntos para moverlas. El esfuerzo fue enorme y les exigió mucha paciencia. La cierva observaba con atención y se movía inquieta hacia todos lados.

—A la de tres movemos esta roca, Sol: ¡uno... dos... tres! ¡Arriba! —gritó Bruno.

Sol gritaba como un animal por el esfuerzo y se cuestionó de dónde surgía esa fuerza sobrenatural.

Finalmente lograron mover las rocas lo suficiente como para liberar al pequeño cervatillo. Con cuidado lo sacaron de esa prisión de piedra. La cierva se acercó para lamerle las heridas y los jóvenes se quedaron observando la escena, sobrecogidos por la emoción. Sin embargo, el peligro todavía no había quedado atrás. Un repentino estruendo rompió el aire, seguido de un movimiento de rocas a su alrededor. Sol y Bruno se miraron con alarma con la intención de proteger al cervatillo que todavía yacía herido. No obstante, la tierra tembló a sus pies y una roca grande comenzó a ceder.

Bruno, al tratar de esquivarla, perdió el equilibrio y cayó, quedando atrapado bajo la roca que amenazaba con caer por completo.

—¡Bruno! —exclamó Sol con angustia.

—¡Sol, ayuda! —gritó Bruno, mientras luchaba por liberarse.

La joven miró desesperada a su alrededor, buscando una solución. Fue entonces cuando algo sorprendente sucedió. Un destello de energía mágica surgió de sus manos y una esfera brillante envolvió la roca que atrapaba a Bruno.

La muchacha concentró su energía e hizo un esfuerzo que parecía impulsado por una fuerza más allá de ella misma. Logró levantar la roca lo suficiente como para liberar a su amigo.

—¡Eso ha sido increíble, Sol! —gritó Bruno, exultante, mientras yacía jadeante en el suelo.

Sol se sintió un poco abrumada, pero también emocionada por su propia hazaña.

—¡No sé cómo ha pasado, Bruno! Ha sido como si la magia surgiera de mí cuando más lo necesitábamos.

—¡Has sido una verdadera hechicera, Sol! ¡Esto sí que ha sido magia, pero magia de verdad! —gritaba Bruno, admirado.

Ambos se tiraron al suelo extasiados por el cansancio y felices por haber salido ilesos. Durante unos minutos permanecieron en silencio, asimilando la magnitud de lo que habían logrado. Mientras observaban a la cierva a lo lejos, sintieron una sensación de gratitud y unidad que trascendía las palabras.

—Parece como si los ciervos supieran que éramos capaces de ayudarles —dijo Sol, observando cómo la madre cierva y su cervatillo se acercaban lentamente—. Siento una extraña conexión con estos animales. Como si pudiera percibir lo que están sintiendo.

De repente, otros ciervos comenzaron a aparecer entre los árboles, formando un círculo alrededor de los dos jóvenes. Los dos se miraron con complicidad y Bruno, sonriente, interrumpió ese momento sagrado.

—Parece que te has ganado no solo la amistad de una cierva, sino el respeto de toda la manada, Sol. Tu conexión con la naturaleza es verdaderamente asombrosa.

La joven sintió una felicidad desconocida hasta el momento. Esa conexión con el reino natural la llenaba en lo más profundo de su ser.

Con una mezcla de gratitud y alegría, ambos emprendieron el camino de regreso a la cabaña.

Mientras caminaban por el bosque, que ahora les parecía más familiar que nunca, una sensación de serenidad y plenitud los embargó.

El sol comenzaba a ocultarse por el horizonte, tiñendo el cielo con tonos cálidos y dorados.

—Bruno, no puedo evitar sentir que este bosque tiene mucho más que ofrecer de lo que nunca imaginé —dijo Sol mirando a su alrededor.

—Así es, Sol. Cada rincón, cada animal, cada suspiro tiene una historia que contar y una enseñanza que ofrecer.

Mientras se adentraban en el sendero que los llevaría a su cabaña, ambos jóvenes compartieron varias miradas llenas de complicidad.

—Hoy ha sido el día que comenzó como el peor de mi vida y se convirtió en el mejor —dijo Sol sonriendo—. Tienes razón. A veces, solo necesitamos detenernos para encontrar la magia que ya está aquí, a nuestro alrededor.

—Exacto. La magia no siempre está en lo que vemos, sino en cómo nos conectamos con ello.

Mientras la luz desaparecía lentamente por el horizonte y el bosque se sumía en la penumbra, Sol y Bruno reflexionaron sobre las lecciones que habían aprendido. Sin duda, habían descubierto algo valioso que cambiaría el curso de sus vidas de una manera que aún no podían imaginar.

7

EL RÍO
DE LAS MEMORIAS

Sol y Bruno decidieron pasar el día juntos, antes de que la joven bruja partiera hacia la final del concurso Voces por la Magia.

A pesar de su entusiasmo, Sol sentía una especie de vacío en su interior. Los últimos días los había dedicado plenamente a fabricar su escoba y, ahora, descubría que en ese objeto no residía su verdadera magia. A pesar de esa revelación, no se separaba de ella, como si fuera su tesoro más preciado.

Bruno, siempre perceptivo a las emociones de su amiga, notó la melancolía en sus ojos y la tomó de la mano con ternura. El joven insistió en enseñarle algo en el bosque.

Sol susurró con un toque de tristeza:

—¿Qué voy a hacer sin ti, Bruno? —dijo, sintiendo que se acercaba su despedida.

Bruno la miró con una mezcla de cariño y complicidad. Sabía que la partida de Sol sería difícil, pero también entendía que formaba parte de su viaje. Sin decir palabra, la tomó de las manos y le dio un suave beso en la mejilla.

—Yo también te voy a echar de menos, Sol —le dijo Bruno con afecto.

El corazón de Sol empezó a latir con fuerza, como si se le fuera a salir del pecho. Hacía mucho tiempo que no experimentaba esa clase de sentimientos y, por un momento, sintió miedo.

Mientras caminaban por el bosque, el suave murmullo de un arroyo comenzó a llenar el aire. Siguiendo el sonido, llegaron a un claro donde se encontraba un río de apariencia mágica que fluía con una claridad cristalina. Sus aguas reflejaban el intenso azul del cielo. Su superficie estaba salpicada de destellos que parecían piedras preciosas. Las orillas estaban decoradas con extrañas flores acuáticas de vivos colores. Su aroma era embriagador y llenaba el aire con una fragancia que dotaba de más vida al bosque entero.

El ambiente estaba impregnado de serenidad, solo interrumpida por el suave murmullo del río y el canto de los pájaros que se acercaban a beber de sus aguas. A pesar de ser un día caluroso, el aire era fresco, como si del río emanara una brisa refrescante. La belleza del lugar dejó a Sol completamente maravillada.

—Esto es precioso, Bruno. ¡Qué lugar tan especial! —exclamó con admiración.

Bruno, con su característica sonrisa se dirigió a Sol con entusiasmo:

—Este es el río de las Memorias —anunció en tono cautivador—. Aquí el pasado y el presente se entrelazan en un eterno flujo de conocimiento.

Los dos amigos se acercaron a la orilla. En ese momento una figura etérea emergió de las profundidades. Era Silva, la Ninfa del Agua. Tenía una larga melena azul, que casi creaba un manto en la superficie. Su piel tenía un tono pálido que resaltaba su mirada profunda. Sus ojos centellaban con la sabiduría de los siglos.

La figura de la ninfa estaba envuelta en una especie de vestimenta acuática, que cambiaba de tonalidad con cada movimiento. Parecía como si imitara la danza natural que se producía con la corriente. A medida que emergía del río dejaba a su paso destellos de luz que añadían más magia a su presencia.

—Bienvenidos, Sol y Bruno —dijo la ninfa con voz melodiosa—. Os halláis en el río de las Memorias, donde los secretos del pasado y la sabiduría del presente se entrelazan.

Sol estaba completamente perpleja, pero no quiso perderse ni una palabra de la ninfa.

—Os invito a sentaros en la orilla, bellos jóvenes, y cuando lo deseéis podéis sumergiros para sentir que la vida es un flujo constante —susurró la ninfa con su dulce voz.

El sonido del agua, en contacto con las piedras, contribuía a crear una atmósfera única en el lugar.

Sol y Bruno intercambiaron miradas curiosas y asintieron en silencio a la invitación de la ninfa. Se acercaron al río, cuya superficie parecía el espejo del cielo, y se sumergieron con ella en sus aguas.

La temperatura era sorprendentemente agradable y, al instante, fueron rodeados por un remolino de imágenes. De repente, se vieron envueltos por momentos de sus vidas pasadas y presentes, recuerdos olvidados y experiencias que habían moldeado sus almas.

Entre este torbellino, Sol pudo ver a su abuela, quien le había enseñado muchos secretos de la magia y de la naturaleza. En ese momento, se dio cuenta de que todas las enseñanzas que estaba recibiendo en el Bosque Oscuro ya las poseía en su interior, pero, por alguna razón, no acababan de calar en su corazón.

La ninfa Silva detuvo el remolino de repente y les explicó la esencia del río.

—Estas aguas llevan consigo las memorias de todas las criaturas que viven en el bosque. Es fundamental aprender a dejar ir lo que ya no sirve.

Sol reflexionó sobre su propio pasado y sus recientes esperanzas. Analizó todas las cargas emocionales que llevaba consigo y, en un gesto simbólico, quiso entregar su escoba al río.

Mientras la escoba era arrastrada por la corriente sintió una mezcla de rabia, tristeza y frustración. Soltar la escoba era como despojarse de una versión pasada de sí misma y perder para siempre la magia que había proyectado en ella. Sabía que con ese gesto se deshacía de todas las expectativas que había construido levantado entorno a ese objeto. Se dio cuenta de que había estado huyendo de quien era en el presente, esperando que el futuro le trajera una mejor versión de sí misma.

En ese vacío atroz, el río le devolvió su reflejo. De repente, vio en el agua la imagen de una hermosa joven, llena de miedos e inseguridades. Pudo verse como lo que era: un ser vulnerable tratando de amarse y aceptarse. Al mirarse a los ojos, algo diferente surgió en su corazón, un atisbo de ternura que la hacía verse distinta.

Independientemente de lo que el futuro le deparara, supo que era el momento de decir adiós a esas inseguridades que la habían atado. Entonces, un sentimiento de liberación genuina surgió al ver la escoba a lo lejos.

La ninfa, que podía leer el pensamiento, miró fijamente a Sol con ojos destellantes y le transmitió su sabiduría.

—Querida bruja, no hay nada de malo en desear posesiones materiales o en usarlas a tu voluntad. Siempre que disfrutes de manera consciente y agradecida de las riquezas que el mundo tiene para ofrecer, estarás en armonía con la naturaleza que te rodea. Los placeres pasajeros, como la belleza de un objeto, o la reputación que uno pueda labrarse, son parte de la experiencia humana.

Sol escuchaba con atención las palabras de Silva, sintiendo que cada una de ellas resonaba con fuerza en su interior.

—Pero aquí está la clave —continuó Silva con sabiduría—. Si sientes apego hacia esas posesiones, si crees que tu felicidad depende de ellas, entonces el equilibrio se rompe. El apego es como un río turbulento que perturba la tranquilidad de tu mente, en lugar de permitir que la vida nos guíe.

Sol asintió mientras interiorizaba la lección que le estaba dando la sabia ninfa. Había experimentado una dualidad de emociones al liberar su querida escoba en las aguas del río. «¿Cómo pueden ir de la mano la libertad y el miedo?», se preguntaba.

La ninfa continuó con voz serena y llena de conocimiento:

—Recuerda, joven bruja: nunca deposites en un objeto, una situación, una persona o, incluso, en el éxito la llave de tu felicidad. Buscar seguridad y certeza es tan solo una atadura con lo que ya conocemos, un anhelo por el pasado. Pero lo familiar, muchas veces, se convierte en una prisión tejida con los hilos de nuestro condicionamiento.

La ninfa hizo una pausa y añadió con énfasis:

—Debes abrazar la incertidumbre. Sin ella, la vida se convierte en una monótona repetición de recuerdos. Nos volvemos prisioneros de nuestro propio ayer, encadenados a lo que ya hemos vivido.

Silva concluyó en un tono lleno de esperanza:

—Cuando dejamos de aferrarnos a lo que ya conocemos, creamos un espacio para lo que es nuevo y sorprendente. La auténtica libertad se halla en fluir con la corriente de lo desconocido, confiando en que cada momento es una oportunidad para crecer y aprender. La verdadera magia reside en la ligereza del alma, en soltar las cadenas del apego y descubrir la abundancia en la simpleza de cada instante —concluyó la ninfa, que sumergió la cabeza en el río tras sus sabios consejos.

Sol se mostraba verdaderamente emocionada por el mensaje y la experiencia que la ninfa les estaba brindando. Inspirado por las palabras de Silva y por el acto de Sol de soltar su escoba, Bruno tomó una pequeña piedra que llevaba siempre consigo y la lanzó con delicadeza al río.

—Deseo que, con ella, también se vayan mis apegos —murmuró Bruno con un largo suspiro, mientras veía desaparecer a la piedra.

Ambos se sumergieron en el agua durante unos instantes, permitiendo que sus cuerpos flotaran sin esfuerzo. Parecía como si, de esta manera, estuvieran dejando atrás el peso de sus preocupaciones.

La ninfa azul se había sumergido en las profundidades del río, pero dejó una huella eterna en sus corazones.

Sol sintió una gratitud que llenó todo su ser. Parecía que, de repente, podía vivir más plenamente el momento presente sin que las distracciones la perturbaran. Y, de pronto, se acordó de su duende loco.

—Me gusta cuando guardas silencio —susurró Sol dirigiéndose al duende loco que vivía en su mente, pero el pequeño personaje no respondió.

Mientras se dejaba llevar por la corriente, Sol experimentó una verdadera revelación. Se dio cuenta de que la verdadera abundancia residía en las pequeñas alegrías de la vida cotidiana, en los momentos simples y hermosos que muchas veces pasamos por alto.

Pensó que liberar su escoba había sido como abrazar una nueva perspectiva desconocida para ella hasta ahora: la incertidumbre.

Sol, con un murmullo lleno de gratitud, dirigió sus palabras a la ninfa:

—Gran Guardiana del río, gracias por esta maravillosa experiencia. Ahora puedo comprender mejor mi propósito.

Bruno agregó con una sonrisa:

—Sabía que esta aventura te llegaría al corazón.

Ambos salieron del agua renovados y se dirigieron rumbo a la cabaña. Mientras caminaban en silencio, el bosque parecía envolverlos. Cada paso que daban resonaba con el crepitar de las hojas y los rayos de sol, que se filtraban a través de los árboles, les deslumbraban por momentos.

—Sol —dijo Bruno con suavidad—. ¿Alguna vez te has planteado el significado profundo de tu nombre?

La muchacha lo miró asombrada por la pregunta.

—Tu nombre significa «sol» en muchos idiomas. Es el astro que ilumina y da vida a la Tierra. Es un símbolo de esperanza, vitalidad y energía. Así eres tú: un sol radiante que emana luz y calor a quienes te rodean. Incluso sin la magia que crees haber perdido, tu voz tiene el poder de sanar el alma.

Sol no pudo contener la emoción al oír esas palabras. Empezaba a creer que la vida era maravillosa. Con el corazón latiéndole muy fuerte miró a Bruno detenidamente a los ojos y le dijo con voz temblorosa:

—Bruno, has sido mi guía, mi amigo y mi maestro. Pero, más que eso, has sido una luz enorme en mi camino. Cada día a tu lado ha sido una aventura y un regalo. Ahora sé que lo que siento va más allá de la amistad. No puedo imaginar mi vida sin ti.

Las palabras de Sol resonaron en los oídos de Bruno. De pronto, se hizo un silencio que pareció enmudecer el bosque. Los ojos de Bruno se llenaron de emoción mientras interiorizaba las palabras de su amiga. Sin embargo, un gesto de preocupación se apoderó de él. El sudor le empezó a caer por la frente y una oleada de malestar lo invadió. El muchacho sintió que una sombra cruzaba su rostro y tuvo la sensación de que su cuerpo iba a explotar. Se esforzaba por ocultar su malestar, pero era evidente que algo no iba bien. La preocupación demudó el rostro de Sol.

—¿Qué ocurre, Bruno? Perdona si mis palabras te han molestado —balbuceó con nerviosismo.

Bruno se sumió en un profundo silencio, como si luchara contra una decisión que pesaba sobre él.

—Sol, hay algo que necesito contarte. Algo que he estado guardándome desde que comenzaste tu viaje —dijo Bruno en voz baja.

El corazón de la joven dio un vuelco, preocupada por el tono serio de su amigo.

—¿Qué pasa, Bruno? ¿Qué estás ocultando?

Bruno titubeó por un momento, mostrando una especie de lucha interna.

—Te lo diré mañana, antes de tu partida. Por favor, Sol, no insistas. No puedo desvelarte mi secreto hoy —concluyó Bruno de forma tajante.

En silencio, los dos amigos entraron en la cabaña. La puerta de la habitación de Bruno se cerró de un golpe, ocultando lo que guardaba celosamente en su interior.

Esa noche, mientras las estrellas salpicaban el cielo y la luna iluminaba el bosque, Sol no paraba de darle vueltas a las misteriosas palabras de su amigo. Una mezcla de emoción y ansiedad la mantuvo despierta. De pronto, el duende loco se apoderó de sus pensamientos.

«Eres ridícula y no tienes magia».

Las lágrimas se desataron de los ojos de Sol y, nuevamente, se encontró atrapada en una tormenta de emociones que la mantuvo despierta hasta las primeras luces del amanecer.

8

LAS ALAS DEL AMOR

Sol se levantó temprano, con una mezcla de expectación y ansiedad. Se había mantenido despierta durante toda la noche, luchando contra las dudas y la voz crítica de su *duende loco*.

Sabía que el tiempo se agotaba, que quedaban pocas horas antes de regresar a su hogar. Estaba a tan solo tres días del esperado concurso y, aunque creía firmemente que regresaba sin magia, estaba decidida a probar suerte.

En pocos minutos, se enfrentaría a una conversación con Bruno que, aunque necesaria, le resultaba muy incómoda.

La intuición le decía lo que podía esperar de esa charla: que Bruno no sentía lo mismo por ella, que la apreciaba como amiga, pero que el amor romántico no tenía lugar en su corazón... Todas estas elucubraciones rondaban por su cabeza mientras preparaba el desayuno en la cabaña e intentaba mantener la calma en medio de una tensión palpable en el ambiente.

Sol sentía que le temblaban las manos por el nerviosismo y el crepitar de la leña en la chimenea le recordaba a los latidos de su corazón.

Cada segundo que pasaba en ese estado de espera le parecía una eternidad, hasta que, finalmente, escuchó los pasos de Bruno acercándose desde el exterior. El chico apareció con el semblante serio, lo que aumentó aún más la inquietud de Sol.

Sin decir una palabra, el joven se sentó frente a ella en la pequeña mesa del comedor. Sus miradas se encontraron y Sol pudo ver la gravedad de su preocupación.

Antes de que Bruno rompiera su silencio, la voz crítica del duende loco apareció de nuevo en la cabeza de Sol.

«No siente nada por ti. ¿Qué esperabas?
¿Que se lanzara a tus brazos? ¡Despierta!
No eres nadie y vuelves a casa sin magia.
Nunca la vas a recuperar».

Sol sentía su corazón acelerarse, mientras las palabras del duende le minaban la confianza que había encontrado durante esos días en el bosque.

Sin embargo, por un instante, ante ese torbellino de dudas, algo en la mirada de Bruno la hizo regresar de nuevo a ese momento. Recordó todas las lecciones aprendidas a su lado y supo que no podía dejarse llevar por su crítica voz interior.

—Cállate, duende. Sé que eres tú —dijo con firmeza, mientras respiraba profundamente—. No voy a caer en tus jueguecitos de nuevo —declaró con determinación.

Bruno sonrió con complicidad, a pesar de la tristeza que reflejaba su rostro.

—Veo que lo estás entrenando poco a poco, Sol —le dijo con un guiño, reconociendo su fortaleza.

Después de ese breve intercambio, Bruno inspiró con fuerza y, tras una larga exhalación, comenzó a hablar en tono sereno.

—Sol —comenzó—, antes que nada, quiero que sepas cuánto valoro nuestra amistad y todo lo que hemos compartido. Eres una persona muy especial para mí y nunca he querido hacerte daño.

Sol asintió, con un nudo en la garganta, ansiosa por escuchar más. Trató de mantener su atención en las palabras del joven, intentando no dejarse llevar por los sacos rotos de su mente.

—El secreto que he estado guardando —continuó Bruno— es que no soy quien parezco ser.

Las palabras resonaron en la cabaña, llenando el espacio de un misterio profundo.

Sol se quedó atónita. Sus ojos reflejaban una sorpresa que superaba cualquier idea que hubiera imaginado.

—¿A qué te refieres, Bruno? —preguntó con voz temblorosa.

Bruno respiró profundamente, como si estuviera reuniendo el coraje necesario para compartir su secreto.

—Sol, en realidad soy… soy un ser mágico. Pertenezco a un linaje ancestral de guardianes del bosque. Mi forma habitual es la de un ser humano, sin embargo, algunas veces la naturaleza de mis ancestros sale a la luz.

Sol se quedó sin aliento y miró a Bruno con incredulidad.

—¿Qué estás diciendo? ¿Me estás gastando una broma? ¡Porque te aseguro que no tiene gracia! —exclamó Sol visiblemente molesta y asustada.

Bruno no respondió de inmediato. Sin embargo, se puso de pie, dio un paso atrás y comenzó a concentrarse. De repente, una luz dorada salió de su cuerpo, envolviéndolo en un resplandor deslumbrante.

Sol se quedó atónita al ver lo que estaba sucediendo. La figura de Bruno comenzó a transformarse en algo que estaba más allá de su comprensión. La luz se fue atenuando lentamente, dejando ver a una criatura mágica impresionante.

Ante ella apareció una especie de bestia con cuernos, piel moteada color verde y marrón y unos ojos que brillaban como las estrellas. Tenía una majestuosidad natural que hacía que Sol se sintiera pequeña y vulnerable.

La joven retrocedió, asustada e impresionada por la revelación de Bruno.

—¿Qu-qué... eres? —preguntó con voz temblorosa, levantándose de un salto de la silla.

La criatura mágica habló con voz profunda y resonante.

—No tengas miedo, Sol. Estoy aquí para ayudarte.

—¿Por qué? ¿Por qué tomas esta forma? ¿Por qué no me dijiste la verdad desde el principio? —preguntó Sol, incapaz de comprender la magnitud de lo que estaba presenciando.

La criatura mágica se acercó a Sol con tranquilidad. Sus ojos, a pesar de ser diferentes, mantenían la misma mirada bondadosa que en su forma humana.

—Lo hice para ayudarte a aprender, Sol. Para guiarte en tu camino hacia la comprensión de la verdadera magia. Pero también había otra razón. Hay algo más que debes saber —explicó Bruno.

Sol miró a la criatura mágica con curiosidad:

—¿Qué otra razón?

La criatura mágica asintió con solemnidad:

—El amor, Sol.

La joven no esperaba esa respuesta y se quedó perpleja.

—¿Quieres decir que el amor que sientes te transforma? —preguntó la joven sin entender nada.

Bruno negó con la cabeza.

—Sol, el amor es una de las fuerzas más poderosas y complejas que existen en el Universo. Es una energía que puede elevarnos a las alturas más sublimes o sumirnos en las profundidades más oscuras. En mi caso, el amor desempeña un papel fundamental en mi existencia y en mi transformación —explicó Bruno.

—¡Pero no lo entiendo! Yo solo te desvelé mis sentimientos, ¿cómo puede eso hacer que te transformes?

—Verás, cuando me amas con un amor puro y desinteresado, puedo mantener mi forma humana —prosiguió Bruno.

—¿Un amor puro y desinteresado? —repitió Sol.

—Así es, Sol. Me refiero a un amor limpio, sincero y que se da sin esperar nada a cambio. Esa energía que emana del corazón y que se ofrece libremente, sin ataduras ni condiciones.

Sol lo observaba sin poder pestañear, pero Bruno continuó:

—Cuando tú me amas de esa manera, ese amor actúa como un escudo que protege mi forma humana. Sin embargo, cuando el amor se contamina con la vanidad, el egoísmo, el interés o el apego, mi forma monstruosa ancestral emerge —prosiguió—. Esta forma de amar es un reflejo de lo que proyectas en mí, una energía que oscurece el amor puro, lo contamina y lo convierte en necesidad o posesión. Cuando el amor se vuelve un medio para satisfacerse a uno mismo o para llenar un vacío interno, se vuelve tóxico, se vuelve monstruoso —concluyó la criatura mágica.

Sol estaba impresionada por la revelación.

—¿Y por eso adoptas esa forma? —preguntó Sol, sin poder dar crédito.

Bruno asintió con tristeza.

—Cuando el amor se contamina de esa manera, puedes ver el reflejo de lo que sientes en mi forma —explicó Bruno con el semblante triste.

Sol se mostró cabizbaja y Bruno la miró con afecto.

—Esto no es un castigo, Sol, sino una consecuencia natural de cómo funciona el amor en el mundo mágico al que pertenezco.

La joven bruja reflexionó por un momento sobre la profundidad de sus palabras. Comprendió lo que le decía su amigo en su forma de criatura mágica. Pensó que quizás tenía razón, que su falta de confianza y seguridad en ella misma las había suplido por todo eso que le daba Bruno; quizás aquello a lo que ella llamaba *amor* era tan solo un disfraz de su necesidad.

—Perdóname, Bruno. No quería amarte así. Te prometo que haré todo lo posible por amarte como mereces. Y, al hacerlo, también estaré amándome a mí misma.

La criatura mágica extendió una garra hacia Sol y la acarició con ternura.

—No te culpo, Sol. Todos hemos aprendido a amar de esa manera en algún momento de nuestras vidas. Sé que lo lograrás y que esa chispa que hoy se enciende en tu corazón acabará envolviendo todo tu ser.

Sol miró a la criatura mágica con determinación y la abrazó.

—¿Cómo puedo aprender a amar, Bruno? —preguntó Sol con lágrimas en los ojos.

—¡Ven conmigo! —le dijo la criatura mágica, y, tomándola de la mano, condujo a Sol por un sendero serpenteante que ascendía por la montaña.

Caminaron en silencio durante un tiempo, cada uno inmerso en sus pensamientos. Sol todavía estaba asimilando lo que acababa de ocurrir. No podía creer que su amigo se hubiera convertido en una criatura mágica. En realidad, se sentía muy culpable por que adoptara esa forma monstruosa a causa del reflejo de su amor. Sin embargo, también sentía que tenía ganas de aprender a amar de esa forma pura y desinteresada, como le sugería su compañero.

Finalmente, llegaron a la cima de una pequeña montaña. Ante ellos se desplegaba un panorama majestuoso de montañas y valles cubiertos de un manto verde, con ríos que serpenteaban a lo lejos. El cielo se extendía infinito sobre sus cabezas.

Ambos se detuvieron unos instantes a contemplar la belleza del paisaje. Entonces, la criatura mágica se volvió hacia Sol.

—Ahora, cierra los ojos —le propuso con dulzura.

La joven bruja siguió el consejo de su mágico amigo y respiró profundamente, como si quisiera llevar hacia dentro ese instante único, esa belleza exuberante. Mientras sus párpados se cerraban, pudo sentir la energía del sol en su rostro, junto a la suave brisa que acariciaba su piel.

—Imagina que estás volando como un pájaro —le susurraba la criatura mágica—. Siente cómo el viento roza tu piel mientras te elevas por el aire. No tienes preocupaciones, no tienes miedos, solo la sensación de libertad y levedad mientras te deslizas en el viento.

Sol respiró profundamente y permitió que su imaginación se la llevara. Entonces recordó su experiencia con el Gran Fresno y cómo, por un momento, se convirtió en un árbol. Pensó en el poder de la visualización y recordó una de las lecciones de magia que había aprendido en la escuela y que ahora cobraba sentido: el cerebro no distingue entre la realidad y la fantasía. Así que sintió que estaba en el lugar adecuado, notándose ligera como una pluma, percibiendo incluso que sus pies se separaban del suelo y su cuerpo se elevaba por el aire. Se veía a sí misma batiendo unas alas imaginarias y volando.

Tenía una sensación completa de libertad, como si todas las cargas y preocupaciones se hubieran disipado. El amor en su corazón no era una necesidad, ni un apego, sino una fuerza que la sostenía en el aire. Una vez más, se sintió en armonía. Como si formara parte de un todo más grande y no existieran fronteras entre ella y el resto del mundo.

La criatura mágica la observó con una sonrisa mientras Sol experimentaba la levedad y la libertad del amor sin ataduras. Sol se sentía como el pájaro que vuela en bandada, acompañada, pero sin necesidad de otros para desplegar su vuelo. Era una lección que no se podía enseñar con palabras, sino que debía sentirla en lo más profundo de su corazón.

Cuando Sol abrió los ojos, se encontraba de nuevo en el claro de la montaña, con una vista panorámica extendiéndose ante ella. Acababa de experimentar algo profundo y transformador y, al abrir los ojos, ya no se encontraba la criatura mágica ante ella, sino su amigo Bruno en forma humana.

—Bruno, ¿cómo puedo agradecerte esto? —dijo Sol con lágrimas en los ojos, mientras él la tomaba de las manos.

—Sol, recuerda siempre que la magia también surge de amar sin apego ni necesidad. El verdadero amor es como volar en el viento, una experiencia de levedad y libertad, como la que acabas de vivir, que te permite amar de manera desinteresada y genuina —le dijo Bruno, con una sonrisa llena de sabiduría.

—Gracias una vez más, Bruno. Por todo —dijo Sol con voz suave y llena de emoción.

Los dos amigos se miraron con comprensión mutua, sabiendo que habían compartido momentos inolvidables. Miraron hacia el horizonte y comenzaron a descender la montaña. Lo hicieron en silencio, dejando que la experiencia vivida y la energía del amor se impregnara en ellos.

Regresaron a la cabaña y Sol sintió que había llegado el momento de regresar a su hogar.

—Debo volver, Bruno. La gran final se acerca y debo estar preparada —dijo Sol con determinación—. De nuevo te doy las gracias por todo lo que me has enseñado.

Bruno asintió con una cálida sonrisa.

—No tienes que darme las gracias. Recuerda lo que has aprendido aquí y aplícalo en tu vida. Eres una bruja excepcional y estoy seguro de que triunfarás en el concurso y en todo lo que te propongas.

Los dos amigos se abrazaron con fuerza y Sol sintió una mezcla de miedo y tristeza. De nuevo, al pensar en la separación, volvía a notar un enorme vacío en su interior. Antes de partir, la joven bruja echó un último vistazo al bosque que había sido su hogar durante esos días.

Comenzó a caminar por la ribera del río que la había conducido hasta allí y, cuando se dio la vuelta para darle el último adiós a su amigo, quedó sumida en el desánimo al encontrarse nuevamente con la monstruosa criatura mágica, que se despedía de ella con gesto gentil.

«Es evidente que no sé amar», pensó y, cabizbaja, siguió caminando.

9

EL BOSQUE OSCURO

Sol había dejado atrás a su querido amigo Bruno y no podía dejar de sentirse abrumada por la melancolía. La criatura mágica se había convertido en un recuerdo persistente en su mente. Caminó y caminó durante horas dándole vueltas a todo lo vivido en el bosque. Conforme se dirigía de regreso a su hogar sentía que se iba alejando de todas esas experiencias. A cada paso que daba notaba un vacío mayor en su corazón. No obstante, las preocupaciones del futuro empezaban a sustituir a sus anhelos.

Faltaban tan solo dos días para la gran final y Sol daba vueltas a la idea de que tenía que competir contra su gran rival, Hater.

Cuando reparó en el paisaje, se dio cuenta de que el bosque, que solía irradiar vida y luz, empezaba a tomar un tono cada vez más siniestro. Las sombras de los árboles se proyectaban en el suelo, alargándose de una forma inusual. El viento aullaba con un susurro escalofriante y su fuerza hacía que las hojas cayeran con un zumbido funesto. Incluso los senderos, que unas horas antes parecían despejados, ahora se mostraban cerrados por la vegetación.

Sol, con la esperanza de cambiar ese oscuro panorama, intentó distraerse entonando la canción que planeaba cantar en la final del concurso. Sin embargo, por más que intentó confiar en que todo iría bien, nada mejoró a su alrededor.

A medida que avanzaba, las ramas de los árboles se inclinaban hacia el camino, formando un túnel oscuro y retorcido que parecía querer engullirla por completo.

Sol creyó que el bosque estaba conspirando en su contra. Aterrada, trató de buscar una salida, pero por más que intentaba avanzar, hacia delante, atrás y a ambos lados, el camino se cerraba a su paso.

—¡Ayuda, por favor! —gritó desesperada—. ¡Auxilio! ¡Por favor! ¡Ayúdenme! —Pero su angustia parecía perderse en el abismo silencioso del lugar, sin que nadie pudiera oírla.

La joven estaba aterrorizada. El bosque, que hasta ese momento había sido el hogar de su aprendizaje, se había convertido en una pesadilla. En ese instante, comprendió por qué Hécate había denominado a aquel lugar «El Bosque Oscuro» y ese pensamiento encendió un atisbo de luz en su mente. Se acordó del mapa que había guiado sus travesías. Apresurada, lo sacó de su bolsita, pero, al observarlo, se dio cuenta de que todos los caminos dibujados habían desaparecido por completo. Los pasos que había dado en busca de su magia ya no aparecían trazados.

—¡Está en blanco! —exclamó Sol atemorizada—. ¡No puede ser! ¡No puede ser! —gritaba completamente fuera de sí y, presa del pánico, se acurrucó en el suelo y echa un ovillo lloró desconsoladamente. «¿Cómo es posible que nadie aparezca para salvarme?», se decía para sus adentros. Entonces la sensación de que moriría en ese lugar la invadió por completo y se desvanecieron todas sus esperanzas.

Contrariamente a sus deseos, las enredaderas avanzaron sin piedad. Primero atraparon sus piernas, luego sus manos y finalmente la rodearon como tentáculos hambrientos. Sol temblaba de miedo, sintiéndose aislada y abandonada, transportada de vuelta a su infancia, donde había experimentado ese abrumador sentimiento de soledad y pánico.

En esos momentos su mente retrocedió al pasado. Recordó haber crecido en un hogar y en un entorno donde las críticas y las expectativas inalcanzables habían dejado cicatrices profundas en su alma. Desde que era apenas una niña, estudió en el prestigioso internado de magia, donde los hechizos y las pócimas se convirtieron en su vida, pero lo que realmente anhelaba era el amor de su familia, que siempre quedaba en segundo plano.

Sol observó la vegetación y pensó que parecía un reflejo oscuro de su pasado. Le recordaba que nunca había sido suficiente, ni siquiera para su propia familia. La presión constante por ser la hija perfecta, la niña buena, la bruja exitosa era como una cuerda invisible que tiraba de ella constantemente, apretándola cada vez más. Una sensación que la ahogaba, como la que sentía ahora, atrapada en un bosque cuyas sombras parecían alimentarse de sus miedos.

Sol yacía en el suelo, inmovilizada. Notaba cómo su energía se desvanecía lentamente y la rendición estaba cada vez más cerca. Sus manos y sus pies sangraban por los afilados pinchos de las zarzas. Cada inhalación era un suspiro de agotamiento. Sin embargo, en ese preciso instante, cuando estaba a punto de darse por vencida, ocurrió algo extraordinario.

En medio de la densa vegetación, justo sobre su cabeza, comenzaron a parpadear unos destellos de luz tenue y dorada. Parecían pequeñas estrellas fugaces atrapadas en el follaje oscuro. La joven quedó hipnotizada por su brillo. Mientras las observaba, una sensación de paz la envolvió por completo. Pensó que quizás había llegado su fin, pero al girar la cabeza divisó entre las ramas la escoba que había fabricado y que había abandonado en el río reposando junto a ella.

En ese momento, al posar sus ojos en la escoba recordó con claridad cada instante y cada detalle vivido para fabricarla. También recordó las expectativas que tenía puestas en ese objeto y cómo creía que sería el artífice de su magia, al igual que lo había creído con la anterior: Druidah.

Sin embargo, en ese momento comprendió que su verdadera fuente de poder nunca había estado en la materia. Las escobas eran simplemente símbolos que mostraban lo que ya existía en ella: una especie de conexión entre su magia interior y su habilidad para manifestarla en el mundo real.

Como si un hechizo ancestral se tejiera en su interior, Sol prendió una luz en la oscuridad de su comprensión. De repente, todo se volvió claro y evidente. Las enseñanzas del bosque, que antes parecían palabras vacías, ahora resonaban como una sinfonía de transformación interna. Esta revelación encendió en ella una energía cálida y una fuerza descomunal. Impulsada por esta transformación, Sol se erigió como el epicentro de una asombrosa metamorfosis en el bosque.

Esa fuerza que surgía de su interior provocó que la vegetación que antes la aprisionaba comenzara a retroceder lentamente. De pronto, esa transformación interna también tuvo lugar en el exterior. Las enredaderas se retorcían y se agitaban, liberándola poco a poco. Pudo observar cómo la vegetación se convertía en unas figuras etéreas que formaban un círculo a su alrededor y la reverenciaban.

En el centro de ese círculo mágico aparecieron las imágenes de los diferentes desafíos a los que se había enfrentado en el bosque: los secretos desvelados en la cueva de las sombras, las travesuras de su duende loco, la serenidad aprendida del Gran Fresno, las cargas liberadas en el río de las Memorias y las múltiples aventuras vividas junto a Bruno.

Estas experiencias surgieron como figuras volátiles que tomaban vida, una tras otra, acercándose a Sol en un espectral abrazo de apoyo. Cada una le recordaba las lecciones aprendidas durante su viaje: el sapo, símbolo de la autoaceptación y sanación de las heridas del pasado, emanaba una luz verde y cálida. El duende loco, la voz de la autoconciencia, parpadeaba con destellos traviesos. La Ninfa Azul, representante del desapego y la liberación de expectativas, desplegaba un aura de quietud. Y la criatura mágica, maestra del amor propio y el llenado de los vacíos internos, irradiaba una ternura profunda.

Sol miraba la escena con expectación y emoción desde el suelo. Pero, en un instante inesperado, los contornos de las formas individuales de cada figura se desdibujaron lentamente, entrelazándose en un baile de luces. El brillo del sapo se mezcló con la chispeante energía del duende loco, mientras la serenidad del Gran Fresno lo hacía con la energía de la ninfa y, finalmente, con la ternura de la criatura mágica. Parecía como si el aire se tejiera para formar una sola entidad.

De pronto, emergió una figura majestuosa. Resplandecía como si sus rasgos estuvieran hechos de polvo de estrellas. Su mirada era profunda y sabia, como si contuviera los soles y las lunas de múltiples universos. Era Hécate, la Gran Bruja de todos los tiempos.

En ese momento, Sol comprendió que Hécate era, en realidad, la encarnación misma de la magia en su forma más pura, la suma de todos los maestros que había encontrado en su viaje: era el sapo, el duende, el Gran Fresno, la ninfa...; era todos y cada uno de ellos. Fue entonces cuando las palabras de la Gran Bruja resonaron con una claridad profunda:

«Fui yo quien te privó de tu escoba Druidah, desencadenando así tu partida en este viaje. Además, cerré las puertas del bosque, dándote así una invitación a explorar tu propia existencia. Como has comprobado, la magia no reside en la escoba que perdiste ni en la que fabricaste, sino en el viaje que emprendiste para recuperarla. Hoy reposa junto a ti para que recuerdes que cada rama que has recogido, cada hechizo que has aprendido y cada desafío que has superado albergan las auténticas enseñanzas de la magia. Ahora abre tu corazón a esas experiencias, conecta con cada emoción vivida y descubrirás tu verdadera magia: la magia interior».

Sol sintió un impulso que surgía de lo más profundo de su ser, como una amalgama de tres fuerzas compuestas por la palabra, la acción y el sentimiento. Con esta fuerza descomunal comenzó a liberarse física y emocionalmente del abrazo asfixiante del bosque.

Las sombras que acechaban se retiraron ante la luz de su nueva comprensión. Las enredaderas retrocedieron, dejando un camino despejado para que Sol avanzara. Supo que había encontrado la llave para regresar a su hogar.

Sol se puso de pie y abrazó a su escoba. Ahora sabía que la magia no residía en el objeto, sino en cada experiencia que formaba parte de su vida. Comprendió que incluso aquello que había odiado durante tantos años la había llevado a ser la persona que era en ese momento.

—¡GRACIAS, GRACIAS, GRACIAS! —gritó al cielo—. Ahora sé quién soy. Ahora me amo por todo lo que soy. No pienso desperdiciar ni un segundo más de mi vida, porque ahora sé que merezco vivir, disfrutar, sentir, reír, llorar... —continuó diciendo en voz alta, mientras liberaba a sus ancestros, a su familia, a su entorno e, incluso, a sus enemigos, de cualquier culpa.

Sol asumió la plena responsabilidad de su vida y se llenó de una fuerza que nunca antes había experimentado.

Elevando su mirada hacia el cielo, Sol sintió que el peso del pasado desaparecía lentamente. Las cadenas invisibles que la habían atado durante años cedían ante la comprensión recién adquirida.

La brisa del bosque sopló suavemente, como si la naturaleza misma estuviera celebrando su liberación.

Con una sonrisa resplandeciente en el rostro y una determinación inquebrantable en el corazón, Sol se adentró una vez más en el bosque. Esta vez, no como una aprendiz en busca de magia, sino como una bruja que la había descubierto dentro de sí misma.

Cada paso que daba se sentía ligero, como si estuviera flotando sobre las hojas caídas. Las sombras que antes la habían atormentado, ahora se retiraban respetuosamente a su paso. Las enredaderas, en lugar de atraparla, tejían un camino dorado que la guiaba hacia la salida del bosque.

Sol se sintió en comunión con la naturaleza, como si ella misma fuera el Gran Fresno y hubiera encontrado su lugar en el mundo.

A medida que avanzaba, cada rincón parecía resonar con las lecciones que había aprendido. Los árboles susurraban palabras de aliento, las piedras preciosas a lo largo del río brillaban con una luz especial y las extrañas flores acuáticas liberaban un aroma embriagador que la envolvía en el recuerdo de sus días de aprendizaje.

Finalmente, llegó a las puertas del bosque, que se abrieron de par en par como si estuvieran esperando. Sol salió a la luz del día, sintiendo los rayos de sol acariciar su piel y el viento jugar con su anaranjada melena.

A medida que se acercaba a su hogar, la emoción de estar de vuelta se mezcló con la ansiedad por la gran final del concurso. Había pasado días enteros en el bosque, lejos de las preocupaciones del mundo exterior, y ahora debía enfrentarse a la realidad de su carrera artística.

Entró por la puerta de su casa y un suspiro de alivio escapó de sus labios. Todo estaba tal como lo había dejado antes de su partida: los muebles, los cuadros de las paredes, su ropa... y, para su sorpresa, allí estaba de vuelta su teléfono.

Decidida, puso una canción a todo volumen en su habitación. Cerró los ojos y se dejó llevar por la música, recordando cuando la melodía del viento y el canto de los pájaros la habían envuelto en el bosque.

Pensó en Bruno y un sentimiento cálido embargó su corazón. No sabía si volvería a verlo, pero el recuerdo de la experiencia de volar junto a él hizo que bailara entonando una canción:

I am beautiful no matter what they say.
(Soy bella sin importar lo que piensen los demás).
Words can't bring me down.
(Las palabras no pueden desanimarme).
I am beautiful in every single way.
(Soy bella de todas las maneras).
Yes, words can't bring me down, oh, no.
(Sí, las palabras no pueden desanimarme, oh, no).
So don't you bring me down today...
(Así que no me desanimes hoy).

De pronto, una sensación de alegría y liberación la inundó. Sabía que había llegado el momento de conectarse con su verdadera pasión y compartir su magia a través de la música. Alzó los brazos y dio vueltas sobre sí misma, sintiéndose libre y llena de vida. Ya no tenía miedo. Estaba lista para la gran final.

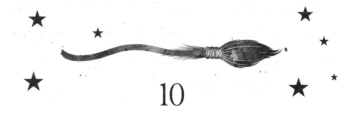

10

LA VOZ
DEL CORAZÓN

El día esperado finalmente había llegado. El escenario estaba listo para recibir a los talentosos concursantes y la emoción podía palparse en el aire.

Los asientos del público estaban cuidadosamente dispuestos en torno a un impresionante escenario iluminado, donde cuatro sillas del jurado estaban colocadas en el centro.

El público comenzó a entrar en el plató. Las luces brillantes iluminaban sus rostros llenos de emoción. Algunos llevaban pancartas con mensajes de apoyo para las finalistas y las ondeaban con entusiasmo mientras buscaban sus asientos.

A medida que se iban acomodando, el bullicio de risas y de conversaciones animadas vibraba en el ambiente. Algunos espectadores se tomaban *selfies*, emocionados y tratando de capturar el momento especial que estaban a punto de presenciar.

Los organizadores del programa distribuían *merchandising* y tentempiés entre los asistentes, llenando el ambiente de alegría.

En la parte delantera del escenario, todo estaba dispuesto meticulosamente para que las concursantes deslumbraran con su arte. Por detrás, los músicos afinaban sus instrumentos, mientras los técnicos y cámaras se aseguraban de que cada momento fuera capturado con precisión.

Mientras tanto, Sol y Hater se preparaban en sus camerinos, rodeadas de todo su equipo. La tensión en el aire era palpable, pero también la emoción que llenaban el auditorio en una noche tan especial.

El día anhelado había llegado para Sol, aunque se sentía totalmente diferente a como lo había imaginado un tiempo atrás. Una extraña sensación de paz la invadía y se sentía preparada para afrontar cualquier desafío.

Ella era la segunda concursante en una velada que prometía muchas sorpresas y actuaciones. La primera en enfrentarse al escrutinio del jurado y del público sería su adversaria, Hater. A pesar de la rivalidad que había surgido entre ambas, Sol tenía ahora la certeza de que Hater no era responsable de la misteriosa desaparición de su escoba Druidah. No obstante, era consciente de que sería capaz de cualquier cosa para dejarla fuera del concurso.

La espera llegó a su fin cuando las luces del escenario fueron atenuándose. El auditorio se sumió en una oscuridad expectante. Un emocionado silencio se apoderó de la sala; tanto de los asistentes presentes como de los millones de espectadores que aguardaban ansiosos frente a sus pantallas.

Cuatro grandes estrellas de la música mágica esperaban el inicio de las actuaciones desde sus sillas. Entonces, en medio de una atmósfera cargada de expectación, las cortinas rojas que enmarcaban el escenario se abrieron lentamente hacia ambos lados.

Hater apareció en escena rodeada de un aura tenebrosa. Como una sombra imponente, emergió como si hubiera cruzado el umbral entre la realidad y la ficción. Su vestido negro era una obra de arte que le otorgaba una apariencia majestuosa y enigmática.

Cada paso resonaba como un eco oscuro mientras se acercaba al micrófono y el público empezó a aclamarla.

Su mirada, llena de seguridad y determinación, se posó en la cámara, donde millones de ojos se conectaban con ella. Con la gracia de una verdadera maestra de las sombras, Hater tomó el micrófono entre sus manos. Cuando comenzó a cantar, su voz surgió con una energía arrolladora. Era como un trueno que resonaba en cada rincón, llenando el espacio con su presencia.

La audiencia, inicialmente hipnotizada, comenzó a sentir una tensión inexplicable. Cada nota, aunque poderosa, llevaba consigo un matiz oscuro que dejaba un rastro de inquietud en los corazones de quienes la escuchaban. Era como si estuvieran presenciando una lucha sutil entre las luces y las sombras, con la oscuridad tratando de reclamar la victoria.

Cuando su actuación finalizó, el público, en pie, estalló en un aplauso ensordecedor. Uno de los miembros del jurado, visiblemente inquieto, se dirigió a ella:

—Hater, tu actuación ha sido, sin duda, hechizante y llena de fuerza. Nos has dejado a todos boquiabiertos. Gracias por concedernos el honor de presenciar esta demostración de la fuerza de tu voz, pero ahora también nos gustaría saber algo. ¿Por qué crees que mereces ser la ganadora de esta final?

Hater, con una sonrisa que destilaba soberbia y arrogancia, dirigió sus ojos al público y seguidamente a las cámaras antes de responder.

—La respuesta es simple y evidente para cualquiera con oídos atentos y un corazón que anhele grandeza. Estoy aquí porque soy la estrella que este mundo necesita. Creo que he demostrado que soy la encarnación de una fuerza musical que trasciende lo convencional. Quiero ser el nuevo capítulo de la historia de la música mágica y creo que poseo todas las cualidades para conseguirlo.

El público la ovacionó con una mezcla de admiración y miedo, y Hater, orgullosa de sí misma, se retiró con paso firme. A su vez, algo sutil pero profundo estaba ocurriendo en el escenario. Las sombras que rodeaban a Hater parecían fluctuar, como si la luz de Sol, que se preparaba detrás del escenario, estuviera ejerciendo una influencia que desafiaba la oscuridad.

El programa continuó con otros artistas invitados, pero el momento culminante se acercaba. Sol, la segunda y última finalista, se preparaba con determinación para su inminente actuación. Por alguna extraña razón fue consciente de que no solo estaba compitiendo por el título, sino también por el equilibrio entre las luces y las sombras.

Al salir al escenario, su mente realizó un pequeño viaje en el tiempo. Revivió los recovecos por donde, en otras ocasiones, se había escapado aquel amor propio que en ese momento brillaba intensamente. Recordó cómo eso había provocado que perdiera su voz, no solo la que emanaba de sus cuerdas vocales, sino también la voz interior que la guiaba.

Entonces sonrió al acordarse de su escoba Druidah y de cómo le había conferido el poder que ahora sabía que estaba en su interior. Por fin comprendía que tenía la capacidad innata de retener su verdadera esencia, esa que la hacía sentirse completa y suficiente por sí misma.

—¡Sol, dos minutos! —avisaron por megafonía los de Producción. Así que con la escoba que había forjado en mano, se encaminó hacia el escenario, sintiendo que había llegado el esperado momento.

Los focos se encendieron lentamente y Sol avanzó con una calma que parecía contagiar a su paso. En el centro, un majestuoso piano de cola la esperaba. Al sentarse en él, Sol irradió un destello blanco que contrastaba con la estela de Hater y parecía fundirse con las teclas del instrumento.

Vestía un deslumbrante vestido dorado que resplandecía en armonía con su nombre. Su melena anaranjada la hacía parecer una auténtica criatura celestial.

Sol comenzó a deslizar sus dedos sobre las teclas del piano. La música cobraba vida bajo sus manos, como si también fuera el creador de la melodía que Sol iba tejiendo. Cada acorde penetraba en el corazón de quienes la escuchaban de una forma sublime. Parecía como si las notas alcanzaran vibraciones curativas que liberaban el alma de todos los presentes.

En ese instante, Sol se sintió parte de una sinfonía cósmica. Esa que surgía de las notas desprendidas de cada uno de los planetas del Universo. Se sentía fusionada con la naturaleza entera, como si sus manos fueran las elegidas para entrelazar las melodías que unían los hilos del cosmos. En ese asombroso instante, el público pudo sentirse en una profunda conexión con la magia ancestral.

Después de ese instante, las notas de la melodía de Sol comenzaron a pulsar la conciencia de la audiencia. Actuaron como un sedante, relajando los acelerados latidos de algunos corazones. Otros sentían que se conectaban con viejos recuerdos, como si se abrieran puertas que habían permanecido cerradas por mucho tiempo.

Las almas vibraban al unísono, disipando la inquietud dejada por la actuación de Hater. La audiencia se encontraba conectada con la esencia más profunda de la música, esa que sanaba y transformaba.

El último acorde resonó en el auditorio y el público se quedó en completo silencio. Las lágrimas en los ojos de muchos espectadores eran la prueba tangible de la profunda emoción que habían experimentado.

El jurado, totalmente conmovido, no pudo evitar ponerse de pie y aplaudir con entusiasmo, al igual que lo hizo al unísono todo el auditorio. Entonces, una representante del jurado tomó el micrófono y se dirigió a la joven bruja:

—Sol, lo que acabamos de presenciar ha sido simplemente extraordinario. No tengo palabras para describirlo —prosiguió—. Tu calidad vocal es indescriptible, pero esta actuación ha sido más que una exhibición de tus asombrosas habilidades. Tu música no solo ha resonado en nuestros corazones, sino que también nos ha hecho vibrar el alma.

En ese momento el público entero se puso de pie, aclamando a Sol y la representante del jurado prosiguió:

—Ahora nos encantaría escucharte, para que los espectadores comprendan por qué esta final tiene tanta importancia para ti.

En ese momento, mientras el público esperaba ansiosamente su respuesta, Sol se tomó unos segundos para reflexionar. Se dio cuenta de que todo lo que había estado persiguiendo: el éxito, la fama, el reconocimiento... ya no tenía sentido en su vida. Ahora se sentía tan colmada que ya no anhelaba la prometida carrera artística. Con una sonrisa serena y, después de dar las gracias al público y al jurado por su apoyo, habló con convicción.

—La música nos conecta y nos eleva de una manera que va más allá de las palabras y las notas. Os doy las gracias porque con este aprendizaje he encontrado la fuerza para abrazar mi mayor don. He comprendido que la verdadera magia reside en el proceso, no en el resultado; en el aprendizaje mutuo, en compartir nuestras experiencias y cooperar para crear algo más grande que nosotros mismos. He descubierto que la vida no se trata simplemente de ganar o perder en una competición, sino de descubrir la magia que ya poseemos en nuestro interior. Cada uno de nosotros es portador de una chispa única que contribuye a una melodía universal. La música, al igual que la magia, reside en la conexión profunda que compartimos unos con otros, como los seres mágicos que somos. No tendría sentido sin nadie que la escuche, sin nadie que se emocione. Gracias de todo corazón por ser parte de este viaje. No importa si el sendero nos lleva al éxito o no. Lo realmente mágico es lo que nos llevamos mientras caminamos. Cada nota, cada acorde, cada momento compartido aquí ha sido una joya en el collar de mi experiencia. Así que os pido disculpas, porque he decidido retirarme de esta competición y transformarla en una celebración de nuestra magia compartida —concluyó, inclinando la cabeza en un profundo agradecimiento.

Mientras Sol abandonaba el escenario, el público y el jurado se pusieron en pie y estallaron en un largo aplauso. Enseguida las cámaras se posaron en el rostro de Hater, que se proclamaba automáticamente ganadora del concurso. Sin embargo, algo había cambiado en ella. Las sombras que la rodeaban parecían menos imponentes, como si la luz de Sol hubiera dejado una marca que desafiaba la oscuridad. Aunque Hater alzaba el trofeo, su mirada se había dulcificado, como si la luz hubiera dejado una huella en su corazón.

Sol pensó que ambas se habían enfrontado a la oscuridad que residía en ellas. Hater había necesitado de la luz para ver su propia sombra y ella había necesitado de las sombras para ver su propia luz. Y mientras observaba a Hater con su trofeo, se daba cuenta de que todas las almas, en el fondo, buscaban lo mismo: la magia interior.

Con estos pensamientos, Sol abandonó el auditorio, liberándose de las cadenas de la competición. La puerta se abrió como el inicio de un nuevo capítulo y, al cruzarlo, Sol cerró los ojos permitiendo que la brisa acariciara sus pensamientos. Cuando los abrió, una visión mágica la aguardaba: Bruno, en su forma humana, manifestando la magia que Sol había cultivado.

—Enhorabuena, Sol —susurró Bruno con emoción en sus ojos—. Has descubierto que la verdadera magia no está en los hechizos o encantamientos, sino en la capacidad de transformar los desafíos en amor puro y crecimiento.

Sol, con una sonrisa iluminada por las estrellas, respondió:

—Gracias a ti, Bruno. A veces la magia también se revela cuando encuentras a alguien que ve la luz dentro de ti, en los momentos de profunda oscuridad.

Y, tomándose de la mano, se aventuraron en el bosque, donde una luna embrujada iluminaba su camino. Les esperaba un ahora eterno tejido con los hilos de la magia, la música y el amor.

FIN

AGRADECIMIENTOS

Muchas gracias, lector o lectora que tienes este libro en tus manos. Deseo de corazón que esta lectura te haya ayudado a encontrar la magia que hay dentro de ti.

A mi pequeño Leo por ser el mejor maestro en la magia de ser uno mismo. ¡Hasta el infinito y más allá!

A mi compañero de vida, Toni Mateos, por creer en mí como nadie más. Por el amor, los aprendizajes y la escucha infinita.

A mis padres por su entrega, amor y apoyo constante. ¡Qué fortuna la de teneros a mi lado! Os amo.

A mis queridos César, Manuela y Toni «Chiki». A mi preciosa familia y a todos mis amigos y amigas del alma, que llenáis mi vida de magia (¡y de karaokes!).

A mi querida Carol, por las escuchas profundas de cada renglón de este libro, por esa emoción que ebulle del arte y por amar a esta brujita tanto como yo.

A Francesc Marieges, mago, maestro y kinesiólogo, por devolverme tantas veces el equilibrio.

A Ruth Lorenzo, por ser esa alquimista que hizo realidad el hechizo de la escritura. Gracias, amiga, por tu generosidad y por poner a disposición tu gran talento en las presentaciones de mis libros.

Muchas gracias, mi querido maestro Francesc Miralles, por tu generosidad, enseñanzas, sabios consejos y tu acompañamiento en tantas ocasiones. *Moltes gràcies, estimat amic.*

A mi hada madrina, mi querida editora Esther Sanz. Muchísimas gracias por tu bondad, por tu alma *brilli-brilli*, por esa ilusión que siempre irradias y por seguir confiando en mí y en la magia de la vida.

Agradecimiento eterno a Urano World. Es un orgullo formar parte de esta gran familia. Muchas gracias por vuestro apoyo y cariño.

A Sandra Bruna, mi querida agente literaria. Gracias por tu pasión y bondad. No podía estar en mejores manos. Muchas gracias también a Berta Bruna y a todo el equipo, por el constante esfuerzo en difundir y llevar nuestras obras al resto del mundo.

A la magia de la música, que tiene el poder de liberarnos el alma y dejar salir lo que hay que sentir.

¡Gracias!